Goethe und die Narren
Vom Römischen Carneval zum Kölner Karneval

Drum seid nur brav und zeigt Euch musterhaft,
Laßt Phantasie mit allen ihren Chören,
Vernunft, Verstand, Empfindung, Leidenschaft,
Doch, merkt Euch wohl! nicht ohne Narretei hören.

Lustige Person im „Faust I", Vorspiel auf dem Theater

WOLFGANG OELSNER   CSABA P. RAKOCZY

Goethe und die Narren

Vom Römischen Carneval zum
Kölner Karneval

Edition Narrengilde Band III
Goethe und die Narren

Titelbildgestaltung:
Marzellenverlag
Bildquellen:
Goethe – Kreidezeichnung von
Ludwig Sebbers / Bildarchiv
Preußischer Kulturbesitz, Berlin
Narrenkappe – Gemälde von
Heinrich Hoerle / Kölnisches Stadtmuseum

CIP-Kurztitelaufnahme der Deutschen Bibliothek
Wolfgang Oelsner - Csaba P. Rakoczy
Goethe und die Narren, Köln: Marzellen Verlag GmbH 1999

Erste Auflage
© Marzellen Verlag GmbH Köln am Rhein 1999
Alle Rechte vorbehalten
Druck: Flock Druck Köln-Ehrenfeld
Layout: Malcolm Powell
ISBN 3-9806384-2

VORWORT

**Liebe Freunde des Kölner Karnevals,
sehr geehrte Besucher unserer schönen Vaterstadt Köln,
verehrte Goethe-Bewunderer.**

Mit dem vorliegenden dritten Band der Edition Narrengilde wollen weder die Autoren noch die herausgebende Gesellschaft den Dichterfürsten Goethe einfach für den Kölschen Fastelovend vereinnahmen. Aber sehr wohl gilt es und ist es Wolfgang Oelsner meisterhaft gelungen, die Freude des Weimarer Hofrats am reformierten Karnevalsfest und seine tiefempfundene Sympathie für ritualisierte, teils kindliche, teils archaisch-triebhafte Spiele darzustellen. Und die brillante Bildkommentierung von Csaba Peter Rakoczy animiert, die aus dem Goethe-Fundus gehobenen Aussagen für unsere heutigen Spiele am Hofe des Narrenfürsten fruchtbar zu machen.

Vor nunmehr 175 Jahren schenkte Goethe den romantischen Reformern sein Gedicht vom „löblich-tollen Streben". Ob sich wohl heute noch oder wieder ein ernstzunehmender Poet bereitfinden würde, den Kölner Karneval, seinen kulturstiftenden und weisheitlich-humanen Aspekt zu erkennen und zu preisen? Liegt's an den Dichtern unserer Tage oder am Fest, das manchmal bis zur Unkenntlichkeit von Professionalität und Kommerzstreben entstellt wird? Wie dem auch sei, es lohnt sich, einmal ein wenig tiefer nachzusinnen über die Zusammenhänge zwischen Karneval und Kultur, zwischen ausgelassener Freude und lebensfreundlicher Philosophie. Dazu soll dieser Band helfen.

Mit einem herzlichen Alaaf auf Goethe, den Karneval und auf alle, die Freude am Leben haben.

Ihre Kölsche Narren Gilde
Wolfgang Kestermann
Präsident

INHALT

Vorwort 5

Löblich ist ein jeckes Streben 7
175 Jahre Gedicht „Cölner Mummenschanz"
Kölner Mummenschanz Fastnacht 1825 9. Romantische Schöngeister 10.
Dom und Karneval 12. Ungeliebte Preußen? 14. Karneval als
Therapeutikum? 17. Italienische Vorbilder 18.

Goethe, ein deutscher Humorist? 25
Faust, der Tragödie zweiter Teil 26. Krone und Narrenkappe 30.
„Hanswursts Hochzeit" 33. Noch einmal Kind sein 37.

Vom Corso zum Zoch 42
Römischer Carneval in Köln - Ein Textspiel

Goethe: Das Römische Carneval 49
Der Corso 50. Spazierfahrt im Corso 51. Klima, geistliche Kleidung /
Erste Zeit 54. Vorbereitungen auf die letzten Tage 55. Signal der vollkommnen
Carnevalsfreiheit / Wache 59. Masken 62. Kutschen 72. Gedränge 74.
Zug des Gouverneurs und Senators 78. Schöne Welt am Palast Ruspoli /
Confetti 79. Dialog am obern Ende des Corso 86. Pulcinellen-König /
Nebenstraßen 87. Abend / Vorbereitung zum Wettrennen 89. Abrennen 92.
Aufgehobne Ordnung 94. Nacht 95. Theater / Festine 98.
Tanz / Morgen 99. Letzter Tag 100. Moccoli 101. Aschermittwoch 105.

Der Narr epilogiert 110

Anmerkungen
Literatur / Bildnachweis 112

LÖBLICH IST EIN JECKES STREBEN
– 175 JAHRE GEDICHT „CÖLNER MUMMENSCHANZ" –

Karneval bedeutet billiger Klamauk und geistloses Trallala. Dieses Vorurteil war schon den Gründungsvätern des festordnenden Comités des Kölner Karnevals ein Wermutstropfen im Freudenkelch. Schließlich repräsentierten sie 1823 das Kölner Bildungsbürgertum. Ihre Namen fanden sich in Spitzenpositionen der Gesellschaft wieder, in der Kunstszene ebenso wie in Wirtschaft und Politik, nicht zuletzt im Förderkreis, der zum Weiterbau des Kölner Doms animierte. Die Pflege kölnischen Brauchtums war lediglich ein jecker Ableger ihres romantisch-patriotischen Bürgersinns. Und ihre Initiative sollte gerade der beklagten Niveaulosigkeit des Volksfests entgegenwirken. Der Derbheit der Straße wollte man eine schöngeistige Idee, eine heitere Festdramaturgie entgegensetzen.

In einem Blitzakt - Rosenmontag war schon am 10. Februar - gelang es dem schwärmerischen Patrizierkreis 1823, einen kleinen Karnevalsumzug auf die Beine zu stellen. Der einstige rohe Hanswurst wurde darin von einer Figur idealisierter Heiterkeit und Edelmütigkeit abgelöst: Held Carneval. Später mutierte er zum Prinzen, und der improvisierte Corso wuchs zum heute kilometerlangen und millionenschweren Unternehmen. Doch die Grundidee zum später weltberühmten Kölner Rosenmontagszug war gelegt. Dank längerer Vorbereitungszeit steigerte man im Jahr darauf den Erfolg und wünschte sich - so viel Eitelkeit durfte auch damals schon sein - , daß nun „allen teutschen Landen" die heiterkulturelle Pioniertat der Kölner kund getan würde.

Doch wo war die Geistesautorität, die bestätigen würde, daß der Kölner Zelebration von Wein, Weib und Gesang eine Philosophie zugrunde lag? Die kulturelle Lichtgestalt jener Zeit war der Geheime Rat Johann Wolfgang von Goethe. Doch der lebte im fernen Weimar und war dort mit der Vollendung seines „Faust" mehr als beschäftigt. Schließlich knabberte der 75jährige Poet noch an den Nachwehen der tiefen Enttäuschung, daß die achtzehnjährige Ulrike von Levetzow ihm die begehrte Heirat verwehrt hatte. Des Dichters Sinn war also eher in der melancholischen Grundstimmung seiner „Elegie" (1823) angesiedelt. Durfte man da dem großen Goethe mit kölschem Fastelovend kommen? Man durfte. Der Meister zeigte sich darüber sogar dermaßen erfreut, daß er den Kölnern ein „Empfehlungsschreiben" ausstellte, das den Jecken höchste kulturelle Anerkennung bezeugte. Was die Werbebranche sich heute als genialen Coup üppig bezahlen ließe, besorgte der Dichter den Kölnern zum Nulltarif. Er schenkte ihnen das Kostbarste, was von einem Goethe zu erhoffen war: ein Gedicht.

Die handschriftliche Erstfassung des Gedichts „Der Cölner Mummenschanz", datiert zu Weimar am 2. Februar 1825¹

DER KÖLNER MUMMENSCHANZ FASTNACHT 1825

Da das Alter, wie wir wissen,
Nicht für Thorheit helfen kann,
War' es ein gefundner Bissen
Einem heitern alten Mann.

Daß am Rhein, dem vielbeschwommnen,
Mummenschaar sich zum Gefecht
Rüstet, gegen angekommnen
Feind, zu sichern altes Recht.

Auch dem Weisen fügt behäglich
Sich das Irren wohl zur Hand,
Und so ist es ganz verträglich
Wenn man sich mit Euch verband.

Löblich wird ein tolles Streben
Wenn es kurz ist und mit Sinn;
Daß noch Heiterkeit im Leben
Giebt besonnenem Rausch Gewinn.

Häufet nur an diesem Tage
Kluger Thorheit Vollgewicht;
Daß mit uns die Nachwelt sage:
Jahre sind der Lieb und Pflicht.

Die leicht veränderte Fassung
des Gedichts vom 3. Februar 1825

Wie konnte der Weimarer Geheimrat an den Jecken vom fernen Rhein einen solchen Narren fressen, daß er für sie spontan und kostenlos zur Feder griff? Dazu gibt es gleich mehrere Vorgeschichten. Sie beginnen - wie so oft im kölschen Fastelovend - mit den „Imis". So liebkost man hier mit spöttischem Unterton die Zugereisten, die „imitierten" Kölner.

Einer hieß Dr. Christian Samuel Schier (s. Abb.) und stammte aus Erfurt. Politische Unrast verschlug den Offizier der Freiheitskriege (1814/15) an den Rhein. Dort stieß er, im Zivilberuf ein Schriftsteller, zum schöngeistigen Herrenclub, der als Begründer der Kölner Karnevalsreform von 1823 Brauchtumsgeschichte schreiben sollte. Seine Dichtkunst brachte den Imi aus dem Osten in den Rang eines „Hofpoeten des Helden Carneval". Das erste Lied des Kölner Karnevals stammt aus Schiers Feder und ist heute noch in den „Bellentönen", der ersten Liedersammlung des Festkomitees, nachzulesen:

„Herbei, herbei, ihr Leute!
Ihr lieben Leute schaut,
Dem Karneval wird heute
Sein alter Thron gebaut.
Dem neuen Regimente
Schließt heut euch jubelnd an
Es hat ja bald ein Ende,
Nur kurz ist seine Bahn."

Da klingt noch nichts von späteren Ostermännern oder Bläck Fööss an, die das kölsche Herz im Dialekt besingen werden. Das Lied Nr. 1 der „Bellentöne" ist in Hochdeutsch verfaßt. Seine spröde Idealisierung ist ganz dem Geist der Romantik verpflichtet, mit einem gehörigen Schuß Patriotismus.

ROMANTISCHE SCHÖNGEISTER

Jener Samuel Schier - so Dr. Max-Leo Schwering, ehemaliger Direktor am Kölnischen Stadtmuseum - ist einer, dem das junge Festkomitee den Kontakt zum großen Dichterkollegen aus der thüringischen Heimat verdankt. 1825 überbringt man Goethe die Einladung zum Kölner Rosenmontagszug nach Weimar. Selbstverständlich wurde diese gereimt, als Sonett, gefaßt. Da Schier allerdings kurz zuvor verstorben war, besorgte der Gymnasiallehrer Dr. Johann Josef Dilschneider (s. Abb.) die Strophen des ehrerbietigen Ansinnens. Dessen letzte Verse lauten:

„An Dich doch wenden wir die treue Bitte:
Kehr' bei uns ein, zu schauen unsere Sitte,
Des Ruhmes Höh' erschwingt dann unser Sieg."

Den gereimten Zeilen legte man ein Exposé der Festidee bei. Zu aller Überraschung antwortete der Altmeister prompt. Zwar erfüllte er den Jecken nicht den Besuchswunsch - eine Postkutschenreise im Winter war beschwerlich -, doch reagierte er hochkarätiger, als man zu hoffen gewagt hatte: er widmete den Kölnern jenes Gedicht vom „Cölner Mummenschanz". Kaum hatte er die Tinte am 3. Februar gelöscht, da platzte ein Eilbote mit den Versen in die am 6.2.1823 tagende Generalversammlung, wo sie den Anwesenden vorgetragen und mit einem dreifachen Hoch auf Goethe bejubelt wurden. Rasch machten sie als Sonderdruck die Runde. Auch ohne Fax und E-Mail konnten die Herren vom Comité schnell sein, wenn es um Publicity ging. Bis heute wittern sie durch die Pappnasen die werbende Kraft prominenter Fürsprache. Damit ein Strahl der literarischen Lichtgestalt auch auf sie selbst abfiel, versahen die Altvorderen das Extrablatt flugs mit einer selbstschmückenden Einleitung:

"Extrablatt- bekannt gemacht im Auftrage des Karnevals-Comité's. Köln den 9. Februar 1825: Das festordnende Comité hatte es für seine Pflicht gehalten, dem Altvater der deutschen Dichtkunst Nachricht zu geben von dem, was es zu einer veredelten Feier des diesjährigen Karnevals unternommen, und dabei den Wunsch zu äussern, ihn bei dem Feste in unserer Mitte zu sehen. Wie von Goethe die Botschaft aufgenommen, beweist das den Festordnern am 3. Februar zugesandte Gedicht, welches diese durch Gegenwärtiges kund zu machen sich beeilen. In der beigefügten Erwiderung von Seiten eines vaterländischen Dichters wird jeder muntere Kölner sein eignes Gefühl ausgedrückt finden."

DOM UND KARNEVAL

Bleibt bei soviel Überschwang die nüchterne Frage: Kannte Goethe überhaupt den rheinischen Frohsinn? An den tollen Tagen ist er hier jedenfalls nie gesehen worden. Nun, Goethe war zwar nicht beim „Zoch", doch er stand in Kontakt mit Männern aus dem Kreis der Kunst- und Domförderer. Es war weitgehend der gleiche Kreis, aus dem schließlich auch das festordnende Comité und sein geistiger Wegbereiter, die „Olympische Gesellschaft" (um 1813) hervorgingen. Einige von ihnen hatte er 1814 bei seinem Köln-Besuch kennen- und schätzengelernt. Mit Sulpiz Boisserée - Kunstsammler und eifrigster Dombauförderer - verband ihn eine langjährige, intensive Brieffreundschaft. Reges Interesse nahm Goethe an den Plänen zum Weiterbau der Kathedrale, hielt sich auch in der Ferne stets auf dem laufenden über die Aktivitäten der rheinischen Schöngeister. So erfuhr er, daß 1823 nicht nur die Dombauhütte nach jahrhundertelanger Unterbrechung wieder errichtet worden war, sondern daß auch die Reform des Karnevalsfestes eingeläutet wurde. Und es juckte ihn, beide Ereignisse - Dom und Karneval - in einen heiteren Vergleich von Elefant und Ameise zu setzen:

„Es ist ein artiger, heiterer Zufall, daß in dem Augenblick, da wir von dem tüchtigsten, großartigsten Werk, das vielleicht je mit folgerechtem Kunstverstand auf Erden gegründet worden, dem Dom zu Köln, gesprochen, wir sogleich des leichtesten, flüchtigsten, augenblicklichst vorüberrauschenden Erzeugnisse einer frohen Laune, des Karnevals von Köln, mit einigen Worten zu gedenken veranlaßt sind. Warum man aber von beiden zugleich reden darf, ist, daß jedes, sich selbst gleich, sich in seinem Charakter organisch abschließt, ungeheuer und witzig, wenn man will; wie Elephant und Ameise, beide lebendige Wesen und in diesem Sinne nebeneinander zu betrachten, als Masse sich in die Luft erhebend, als Beweglichkeit an dem Fuße wimmelnd... Sehr treffend war der Gedanke, alles in drei Tage und eigentlich auf einen zu konzentrieren. Dergleichen rauschartige Freuden müssen auch als ein leichter Rausch vorübergehen. Durch freundliche Mitteilung ist uns genaueste Kenntnis dieses merkwürdigen Ereignisses geworden; und wir hoffen zu guter Stunde davon ausführliche Darstellung zu geben; denn merkwürdig ist es auf alle Fälle, daß in den jetzigen Tagen ein solcher Humor sich hervorthut, den man geistreich, frei, sinnig und gemäßigt nennen kann. Alle Mitwirkenden sind zu bewundern, die ersten Unternehmer, die Beitretenden, die Einstimmenden, und Zuschauenden; alle Hochachtung verdienen die Zivil- und Militärbehörden, welche mit freisinniger Würde die Sache geschehen ließen, Ordnung und Zucht von ihrer Seite befördernd, so daß dieses ganze exzentrische Wesen mit ungewöhnlicher Wichtigkeit, Ernsthaftigkeit und Pracht begangen werden konnte". (1824 in der Zeitschrift „Über Kunst und Altertum")

Die „freundliche Mitteilung", von der Goethe „genaueste Kenntnis dieses merkwürdigen Ereignisses geworden" ist, findet ihren Urheber in einem weiteren „Imi". Der Bonner Botanikprofessor Dr. Christian Gottfried Nees von Esenbeck (1776-1858) sah sich veranlaßt, von Forschung und Geistesströmungen im Rheinland nach Weimar zu berichten. So auch von den neuen Tönen, welche nun das veredelte Volksfest begleiteten. Da war nichts mehr vom „Brüllen und Jauchzen des besoffenen Pöbels", nichts von „Fuhrleuten mit schmutzigen Kitteln und verzerrten Larven" zu lesen, über die Fastnachtstouristen Jahre zuvor angewidert berichtet hatten[2]. Es war die Absicht der Kölner Karnevalsreformer gewesen, Karneval als Philosophie und heitere Metapher für Stadt und Vaterland zu inszenieren.

UNGELIEBTE PREUSSEN?

Das schien auch bitter nötig. Denn nach der Besetzung der Rheinlande durch die Franzosen (1794) war nicht nur die Eigenständigkeit der freien Reichsstadt Köln sondern auch die reichsstädtische Fastnachtskultur zerbrochen. An die Stelle der einst festgestaltenden Handwerkerzünfte war die Beliebigkeit der Straße getreten. Verrohung machte sich breit. So sehnten die oberen Bürgerschichten verklärt die einstige Zeit herbei. Die aber blieb ihnen nach dem Wiener Kongreß (1815) versagt. Die protestantisch nüchternen Preußen zogen ins „hillige Kölle". Doch auch in deren Machtzentrum fanden die Jecken vom Rhein Verbündete. Unter anderen war Prinz Friedrich ein Fan ihres Maskenfests. 1824 nahm er eine Einladung dorthin „mit Vergnügen" an. Die Klammer, die die scheinbar ungleichen Mentalitäten verband, war allerdings nicht das gemeinsame Alaaf sondern der Geist der Romantik, gewürzt mit einer kräftigen Prise Patriotismus. Karneval und Dom profitierten davon gleichermaßen. Der Patriotismus fand nicht zuletzt seinen Schulterschluß angesichts des französischen Feinds, dem die Rheinlande als deutsches Bollwerk gegenüber standen. Manche deuten dann auch in der martialisch klingenden zweiten Strophe des Mummenschanzgedichts den „ankommenden Feind" als den „Erzfeind" Frankreich. Kölsche Patrioten assoziierten mit der Zeile eher die preußischen Besatzer. Jedenfalls mochten nicht alle aus dem Vers das harmlose Gefecht des Mummenschanz gegen Feind Griesgram lesen.
Überhaupt erwiesen sich Goethes Karnevals-Zeilen nicht ohne interpretatorische Brisanz. So ist dem Kölner Extrablatt eine Strophe, die vierte, entzogen worden, die in den Werkausgaben nachzulesen ist:

> *Selbst Erasmus ging den Spuren*
> *Der Moria scherzend nach,*
> *Ulrich Hutten mit Obskuren*
> *Derbe Lanzenkiele brach.*

In der Familienchronik[3] jenes Dr. Dilschneiders, der das Einladungs-Sonett besorgt hatte, wird später dazu eine Vermutung geäußert:

„Wie sich alsbald jedoch herausstellte, hatte aber der Kölner Zeitungszensor, der gestrenge Herr Polizeirat Dolleschall, eine ganz besondere preussische Leuchte, die ganze Strophe: „Selbst Erasmus ging den Spuren......usw.", die auf den berühmten Humanisten Erasmus von Rotterdam und auf Ulrich von Huttens Papierkrieg von 1515ff mit den Professoren der Kölner Universität anspielte, als höchst verdächtig und staatsgefährlich gestrichen, vielleicht weil sie so viel „Fremdwörter" enthielt, so dass diese also in den beiden Gedichtveröffentlichungen fehlte. Da das Gedicht aber vollständig in der Generalversammlung verlesen worden war, stellte sich dieser Schildbürgerstreich recht bald heraus, und die Kölner hatten mal wieder etwas zum Lachen. Die unterdrückten Verse gingen bald von Mund zu Mund und in launigen Zeitungsanzeigen spielte man boshaft darauf an. So wurde z.B. als „Druckfehlerberichtigung" mitgeteilt, dass es in den allbekannten Versen „Selbst Erasmus usw." nicht etwa „Maria" sondern „Moria" (= griechisch: die Narretei) zu heissen habe und dergleichen Bissigkeiten mehr."

Das ist eine nette Geschichte, besonders weil sie die angeblich so ungeliebten Preußen amüsant karrikiert. Doch sie ist mit Vorsicht zu genießen. Denn wie ist es zu erklären, daß die besagte Strophe bereits in der Reinschrift Goethes vom 3.2.1825 fehlt? Offenbar hat er sie selber schon vor dem Postversand nach Köln gestrichen. Nur ungern läßt man eben im Kölner Karneval „Beweise" aus, die für jecke Zivilcourage gegen eine spießig-preußische Obrigkeit sprechen, und es ist schwer, Licht in den Dschungel von liebgewonnenen Kolportagen zu bringen. Nachgewiesen wurde inzwischen hingegen (s. Euler-Schmidt, Schwering), daß es vielfachen Schulterschluß zwischen Preußenverwaltung und karnevalistischen Amtsträgern gab. Allein der erste Festkomitee-Präsident,

Heinrich von Wittgenstein, glänzte mit einer entsprechenden Karriere. Er wurde Chef der Bürgerwehr, Präsident der Armenverwaltung, schließlich gar Regierungspräsident.

In den Stunden zwischen der Erst- (2.2.1825) und Zweitfassung (3.2.1825) seines Mummenschanz-Gedichts nahm Goethe noch kleine Korrekturen vor. Am meisten feilte er an jener Strophe, die dann in den deutschen Zitatenschatz einging:

Löblich wird ein tolles Streben
Wenn es kurz ist und mit Sinn:
Daß noch Heiterkeit im Leben
Giebt besonnenem Rausch Gewinn.

Mitunter liest man auch „löblich sei..." oder „löblich ist ein tolles Streben". Wie auch immer: In rheinischer Lesart heißt das nichts anderes, als daß es gut ist, jeck zu sein. Die kollektive Regression legitimiert sich als Lebensphilosophie und etabliert sich schließlich als Brauchtum. Solche Botschaften kommen in Köln natürlich hervorragend an. Sie nähren den Mythos von der jungen, offnen und ewig heiteren Stadt am Rhein. Folgerichtig verewigte die Stadt die Zeilen auf dem Fastnachtsbrunnen am Gülichplatz. Dort sind sie eingraviert am Beckenrand nachzulesen.

KARNEVAL ALS THERAPEUTIKUM?

Nicht nur das ausgelassene, tolle Streben lobt der Dichter, sondern auch den Rausch. Man darf sich also unter Berufung auf Goethe mal einen auf die Lampe gießen. Doch der Genuß, der Gewinn liegt im „flüchtigen Rausch". Von Volltrunkenheit und Alkoholismus ist nicht die Rede. Auch nicht, wenn der Herr Geheimrat am Tag zwei bis drei Flaschen Wein zusprechen konnte.

„Flüchtig" und „kurz". In diesen Adjektiven liegt die Philosophie des Karnevals: er definiert sich von seinem Ende. Ohne die Akzeptanz des Aschermittwochs käme das „tolle Streben" einem Ganzjahresklamauk gleich. Comedy und Entertainment lassen sich jederzeit betreiben, Fastelovend aber braucht die Begrenzung auf die tollen Tage, auf die Session. So sah es Goethe, so sah es der Zeitgenosse Schier im Lied Nr. 1 des Kölner Karnevals, und so sehen es dessen Nachfolger bis heute. Denn obgleich sich noch manche Mark verdienen ließe, wenn einer kurzen Session ein, zwei Wochen drangehängt würden, respektiert doch jede Gesellschaft das Finale am Aschermittwoch. Auch wenn der Karneval inzwischen zu einem Millionengeschäft wurde.

Goethe muß selber an dieser, seiner Strophe Gefallen gefunden haben. Als er zur Fastnacht 1830 einen netten Vers suchte, den er einer Dame der Weimarer Gesellschaft, der Schriftstellerin Charlotte von Ahlefeld, ins Stammbuch schreiben konnte, zitierte er just jene Stelle aus dem „Cölner Mummenschanz": „Löblich ist ein tolles Streben....". Dienten solche Verse gar als Therapeutikum? Charlotte von Ahlefeld, die privat wie beruflich durchaus hart arbeiten mußte, um nach Schicksalsschlägen ihre Frau zu stehen, bekundete später jedenfalls: Niemand habe „in den trübseligsten Augenblicken sie so übermächtig beruhigt und durch oft wenig gesprochene Worte getröstet wie Goethe".[4]

Den Cölner Festordnern war das Mummenschanzgedicht nicht nur den erwähnten Sonderdruck wert. Sie investierten auch 20 Groschen Briefporto (so im Kassenbuch nachzuprüfen), um mit einem Hymnus „An Goethe" sich bei selbigem spontan zu bedanken. Das besorgte der Priester und Religionslehrer am Marzellen-Gymnasium, der spätere Abgeordnete der Frankfurter Nationalversammlung, Dr. Wilhelm Smets. Die beglückten Empfindungen der Kölner schließen mit den dankbaren Versen:

„Sieh, bedeutsam nun das Haupt
Hebt der alte Sänger,
Und die Harfe, reich umlaubt,
Schweiget nun nicht länger."

„Alter schützt vor Torheit nicht,
Freude freut noch innig,
Spielt das lustige Gedicht,
Spielt es kurz und sinnig!"

ITALIENISCHE VORBILDER

Das Goethe-Gedicht war mehr als ein Sahnehäubchen zum jecken Treiben. Atmosphärisch animierte es zum geistigen Schulterschluß zwischen Strömungen, die ansonsten nicht in Freundschaft standen: Preußen und Rheinländer, Nord- und Südländer, Klassik und Romantik. Die zunächst mißtrauische, spröde Preußenkrone und die gegenüber den Berliner Machthabern reservierten Kölner Patrizier schwelgten nun gemeinsam in der Verklärung einstiger Fürstenherrlichkeit. Das Gute, Wahre, Schöne wurde im Heldentum römisch-klassischer Prägung allegorisiert. Im Held Carneval fand diese Sehnsucht ihre idealisierte Figur, im Rosenmontagsgeschehen seine spielerische Inszenierung. Der vulgäre Hanswurst machte einem venezianisch inspirierten, edlen Helden die Bühne frei.

Venedig, Rom, Italien - das waren auch Schlüsselworte in Goethes Schriften. Deren Spannbreite vom Ritterspiel („Götz von Berlichingen") bis zur „Italienischen Reise" hatte die Kölner Oberschicht beeinflußt. Gestaltete sich somit der rheinische Karneval, trotz patriotischer Grundtöne, gar als integrierendes Kulturfest von europäischem Format? Zumindest war der Gründungspräsident des Festkomitees Johann Heinrich von Wittgenstein davon überzeugt. Beflügelt von Goethes Lob stellte er 1827 fest: „Das Faschingsfest in Cöln hat seit fünf Jahren eine Bedeutsamkeit gewonnen, die ihm die Aufmerksamkeit des gebildeten Deutschlands und den Beifall der Freunde ächter Nationalfeste erworben hat." Auch die Mutter des Philosophen Schopenhauer stellt den Reformen ein gutes Zeugnis aus. Über den Karnevalsdienstag - er unterstand nicht der Dramaturgie des Rosenmontagszugs - berichtet Johanna Schopenhauer 1828[5]:

Kölnische und italienische Karnevalssymole schmücken das Titelblatt des Zugalbums von 1824: links die Funken, rechts Harlekin und Bajazzo

„Wie in Rom auf dem Corso zieht eine unendliche Reihe oft offener Wagen durch gewisse Straßen. Wie in Rom sind auch in Köln Kutscher und Bediente zuweilen auf groteske Weise maskiert; denn an diesem Tage hört aller Dienstzwang auf. Und doch entsteht keine die öffentliche Freude störende Unordnung, kein Zank, keine Schlägerei. Das Volk übt hier selbst die Polizei und hütet sich vor Unfällen. Unsäglicher harmloser Mutwillen wird während dieser Fahrt sowohl von den Fahrenden als von den Zuschauern getrieben, man drängt sich an die Wagen heran, Spottreden werden mit ähnlichem beantwortet, kleine Maskenpartien zu Pferde und zu Wagen mischen sich in die Reihe, überall regnet es Erbsen und gipserne Konfetti in die Wagen hinein und wieder aus diesen heraus. So währt das fort, bis die Abenddämmerung eintritt, dann wird es in den Straßen still eine Weile, dann aber geht der Lärm ärger als zuvor wieder los. Die Leute laufen mit Lichterchen umher, die sie einander auszublasen versuchen; das Schießen, Toben, Lachen, Jubeln, Pfeifen und

Der Pulcinellenkönig, wie Goethe ihn in Rom sah: Sie „krönen ihn, geben ihm ein Szepter in der Hand, begleiten ihn mit Musik und führen ihn unter lautem Geschrei auf einem verzierten Wägelchen den Corso hinauf"

Schwirren in allen Ecken der Stadt nimmt kein Ende, bis die Glocke die Mitternacht und zugleich das Ende des Festes der Torheit verkündet." Ihr Bericht drängt einen Vergleich zu Goethes Beschreibung des römischen Karnevals auf.

Wie nahtlos der Übergang von italienischen zu reichsstädtischen Figuren auch im Rosenmontagszug war, zeigt der Prunkwagen seiner Tollität. Auf einem Thron in einem güldenen Delphin ließ er sich durch Kölns Straßen ziehen. Das war eine Kopie italienischer Bildvorgaben. Womit wir bei der dritten Vorgeschichte angekommen sind, die des Meisters Narrensympathie erklärt. Während seines zweiten Romaufenthalts, 1788, war Goethe auch Augenzeuge des dortigen Karnevalstreibens. Erschreckte ihn zunächst die Eruption der Leidenschaften, die Enge, die Aufhebung der Ordnung und das Schreien der Massen, so gewann er in der Rückschau dem Fest durchaus eine Faszination ab und widmete ihm jene Kapitel, die als „Das römische Karneval" einen Platz in Goethes

Ähnlich ehrte man Kölns ersten „Held Carneval", Emanuel Ciolina Zanoli, Nachfahre italienischer Einwanderer. Er verkörperte die Vorläuferrolle des Prinz Karneval. Hier eine Lithographie vom Rosenmontagszug 1824

Werkausgabe fanden. Er konnte nicht ahnen, daß er damit auch den Kern des Kölner Karnevals charakterisierte, jenes Fests, das heute eine Million Menschen auf die Straße lockt. So könnte auch ein Essay über den Frohsinn am Rhein beginnen:

„Indem wir eine Beschreibung des Römischen Karnevals unternehmen, müssen wir den Einwurf befürchten, daß eine solche Feierlichkeit eigentlich nicht beschrieben werden könne. Eine so große lebendige Masse sinnlicher Gegenstände sollte sich unmittelbar vor dem Auge bewegen und von einem jeden nach seiner Art angeschaut und gefaßt werden. Das Römische Karneval ist ein Fest, das dem Volke eigentlich nicht gegeben wird, sondern das sich das Volk selbst gibt. Der Staat macht wenig Anstalten, wenig Aufwand dazu. Der Kreis der Freuden bewegt sich von selbst, und die Polizei regiert ihn nur mit gelinder Hand."

Wer jemals einen Kölner Rosenmontagszug miterlebte, wird das tolle Getümmel am Zugweg in Goethes Zeilen treffend beschrieben finden: Die Fotos in diesem Buch stammen sämtlichst vom Kölner Karneval. Und es verblüfft, wie sehr sie mit Textstellen aus dem „Römischen Carneval" als Bildunterschrift kommentiert werden können. Soviel närrische

70 Jahre nach seinem Tod wurde Goethe – wie Schiller – ein Rosenmontagszug gewidmet

Seelenverwandtschaft mußte zwangsläufig zu karnevalistischen Auszeichnungen im Rheinland führen. Die Ehrensenatorwürde wäre das Mindeste, was man Goethe angetragen hätte - hätte es sie denn schon gegeben. Doch 1902 wurde Goethe posthum eine der höchsten Ehren zuteil, die der Fastelovend zu vergeben hat: Ihm wurde ein Rosenmontagszugmotto gewidmet. Allerdings mußte er es sich mit dem nachbarschaftlichen Genius aus Weimar teilen: „Schiller und Goethe auf dem Carneval zu Cöln" (siehe auch S.115).

Vielleicht fragt manch gelehrter Karnevalsflüchtling unserer Tage, wie das weise Dichterhaupt die Welt des Chaos und des Unsinns nur aushalten, gar lobpreisen konnte. Auch diese Antwort gibt die zum geflügelten Wort gewordene Zeile seines Mummenschanzgedichts: „Löblich ist ein tolles Streben, wenn es kurz ist und mit Sinn". Der Ausflug ins Tollhaus und der Rausch müssen kurz sein, sollen sie als Gewinn genossen werden. „Nur kurz ist seine Bahn" texte der Erfurter Christian Samuel Schier." Die Dichterkollegen aus Thüringen wußten, wovon ihre rheinischen Nachfahren noch heute singen: „Am Aschermittwoch ist alles vorbei".

Italienische Motive schmücken das Titelblatt zum „Fastnachtsbüchlein für Jung und Alt" von F. Raßmann, 1826

GOETHE, EIN DEUTSCHER HUMORIST?

Goethe ein Humorist? Ein Aufschrei ginge durch die Literaturwelt, würde das jemand behaupten. Kein geringerer jedoch als Bertolt Brecht hat ihn so genannt. Und Literaturprofessor Hans Mayer zitierte und bekräftigte zu Goethes 250. Geburtstag Brechts Meinung: „Goethe war auch der größte Humorist." (WDR Goethe-Fernsehnacht am 27.3.1999).

Wenn auch humorvoll, so war Goethe beileibe kein Karnevalist. Doch Karnevalisten gewönnen, würden sie sich Elemente von Goethes Humor zu eigen machen, nämlich mal jene andere Art, mit der ernsten Wirklichkeit umzugehen. Der Karneval kann das durch satirisch-überzeichnende und naiv-heitere Ausdrucksformen. Und derer bediente sich auch Goethe. Sie sind Teil seines Gesamtwerks. Er schrieb Maskenzüge, Mummenschanzereien, Possen und Narrenreden, allesamt - bis auf das Gedicht zum „Cölner Mummenschanz" - nicht für den Karneval gemacht. Doch sie haben Gemeinsamkeiten mit karnevalistischen Idealen. Mal sind es die geistvoll versteckten Wahrheiten, mal ist es nur simpler Kokolores. Das ist ein Karneval, der sich nicht auf banales Entertainment beschränkt, der aber auch nicht jenen Schuß Anarchie ausspart, die dem Narren - erst recht in einer Kulturgesellschaft - zusteht. Narr und Künstler werden sich bei Grenzüberschreitungen treffen, so wie Goethe es in seinen Gedanken über „Naivität und Humor" zum Ausdruck brachte: „In jedem Künstler liegt ein Keim von Verwegenheit, ohne den kein Talent denkbar ist, und dieser wird besonders rege, wenn man den Fähigen einschränken und zu einseitigen Zwecken dingen und brauchen will". (aus: „Über Kunst und Altertum", 1.Bd., 3. Heft, 1817, hier zitiert nach dtv Gesamtausgabe 34, S.99).

Zwangsläufig geht bei einem weisen Menschen solche Verwegenheit im Alter eher in ein Abwägen über. Das sah auch Goethe so. Und damit sollen nun alle beruhigt werden, die sich am „Humoristen Goethe" allzu sehr reiben. Mit einem Zitat mag sich der Meister selbst relativieren. Fast fünfundsiebzigjährig bemerkte Goethe (Gespräch mit Kanzler Müller vom 6.6.1824), daß ein Humorist zu sein, sich eigentlich nur der leisten könne, der kein Gewissen besitze und keine Verantwortung trage - Gedanken, die man zuweilen von Kabarettisten hört, die nach Übernahme eines Amts oder Familiengründung zahmer werden. Das Zitat verweist auf den Unterschied zwischen kecken Lausbubenstreichen und dem Humor der Altersweisheit. Goethe hatte von beidem, jedes zu seiner Zeit.

Beschränken wir uns im folgenden auf zwei markante Kostproben aus der späten und aus der frühen Schaffensphase. Karnevaleske Züge tragen sie allemal.

FAUST, DER TRAGÖDIE ZWEITER TEIL

Goethes Zentralwerk stellt zu Beginn von Teil II eine Karnevalsszene in den Mittelpunkt. „Kaiserliche Pfalz. Saal des Thrones. Staatsrat in Erwartung des Kaisers. Trompeten. Hofgesinde aller Art, prächtig gekleidet, tritt hervor," so lauten die Regievorgaben. Sie gehen über zu: „Weitläufiger Saal mit Nebengemächern - verziert und aufgeputzt zur Mummenschanz." Natürlich hatte der Dichter nicht Köln, sondern den Karneval von Florenz vor Augen, als er den Aufzug der diversen Masken beschrieb. Ähnlich orientierten sich auch Kölns Comitégründer bei der Reform von 1823. Die Inszenierungen der ersten Rosenmontagszüge sind in hohem Maße italienisch inspiriert. Sie sind die dramaturgisch umgesetzte Narrenphilosophie, nach der der derbe deutsche Hanswurst (als Sinnbild für den vulgären Karneval) dem südländisch veredelten neuen Held Carneval weicht.
„Besuch der Prinzessin Venetia beim Helden Carneval" war das Motto des ersten Kölner Umzugs, der nach dem Schnellschuß von 1823 im

Die Prinzessin Venetia (Simon Oppenheim) symbolisierte den edlen, heiteren Karneval des Südens. 1824

Folgejahr nunmehr gründlich vorbereitet werden konnte. Einige der mitziehenden Typen sind denen der Faust-Tragödie gleich: Herolde, Trompeter, Kanzler. Andere ähneln einander: hier der Pulcinelle, dort das Geckebähnche, hier der Astrolog und der Heeresmeister, dort der kölsche Mandarin Schall von Bell und der Kommandant der Roten Funken, täppische Poeten und Trunkene überall. Schließlich die erhabene Gestalt des Kaisers, der in Köln im Helden seine Entsprechung fand und sie im mittelalterlichen Prinzengewand bis heute beibehält.

Hatte da etwa wer beim anderen abgekupfert? Vielleicht der „Zoch-Leiter" bei Goethe, oder gar umgekehrt? Natürlich nicht. Es war der Zeitgeist, der solche Gestaltungsgemeinsamkeiten hervorbrachte. Tatsächlich fiel beides in die gleiche Zeit. Goethe plagte sich mit der Vollendung seines „Faust", als die Kölner Bildungsbürger die ersten Karnevalszüge auf die Beine stellten. Kenntnis hatten jedoch beide voneinander: Goethe lobte 1825 in der Schrift „Über Kunst und Alterthum" die jecke Idee vom Rhein, und der Kölner Stadtintelligenz war Goethes „Italienische Reise" mit den Passagen über den römischen Carneval geläufig.

Überdies informierte man sich in wechselseitiger Korrespondenz. Am 23. Februar 1826 notierte Goethe in sein Tagebuch: „Von Brewer aus Köln die Karnevals-Neuigkeiten". Umgekehrt ließ Goethe die Kölner Kulturgröße Sulpiz Boisserée, der wiederum in Kontakt mit Festkomiteegründern stand, in Briefen am Entstehungsprozeß des Faust teilhaben. Der Höhepunkt der poetischen Anfangsjahre im Kölner Karneval (das waren die Züge etwa von 1825 bis 1828) fiel mit der Fertigstellung der Karnevalsszene in Faust II zusammen. Während am Rhein die Vorbereitungen für das Sessionsmotto 1827/28, „Alte und neue Zeit", liefen, schrieb Goethe in sein Tagebuch: „23. November. Einiges zum Karneval arrangiert." „ 15. Januar.....Sodann den Abschluß des Karnevals in „Faust II."[6]

Die Zeitgleichheit von Faust und Fastelovend ließe also sehr wohl die Frage nach einer gegenseitigen Befruchtung zu. Doch die soll hier eher als närrischer Einfall denn als seriöser Forschungsgegenstand offen bleiben. Witzig und treffend bleiben jedoch manche Bedeutungsverwandtschaften.

So könnte man die Mummenschanzszene in der kaiserlichen Pfalz bei Faust II durchaus unter einen Sinnspruch stellen, wie er dem frühest bekannten Kölner Karnevalsorden eingraviert ist: „Weisheit im Narrenkleid bringt uns die goldene Zeit". Der Orden stammt von 1838, also aus den Anfangsjahren der Faust-Veröffentlichung (nach 1832). Mephisto verkörpert das Ordensmotto, wenn er als Narr verkleidet auftritt. In dieser Rolle verblüfft er mit weisen Torheiten Kaiser, Kanzler und Hofstaat. Er führt sich mit einem Fragespiel ein, aus dem mancher seine zwiespältige Haltung zum Narren, zum Clown, vielleicht auch zum Karneval heraushören mag:

Mephistopheles am Throne kniend:

„*Was ist verwünscht und stets willkommen?*

Was ist ersehnt und stets verjagt?

Was immerfort in Schutz genommen?

Was hart gescholten und verklagt?

Wen darfst du nicht herbeirufen?

Wen höret jeder gern genannt?

Was naht sich deines Thrones Stufen?

Was hat sich selbst hinweggebannt?"

(Faust II, 1. Akt)

Auf die ungelösten Probleme der Welt, mit denen sich der Kaiser herumquält, weiß der Narr bestechend einfache Antworten, so daß der Schatzmeister des Reichs bekennen muß: „Für einen Narren spricht er gar nicht schlecht". Und der Heeresmeister pflichtet ihm bei: „Der Narr ist klug, verspricht, was jedem frommt". Mephisto blendet mit kurzschlüssigen Argumenten, ohne Rücksicht auf bestehende Moral und Tabus. Der Bluff verfängt beim Publikum. Zwar spürt es, daß es zum Narren gehalten wird, doch zugleich ahnt es, daß mit Vernunft und Gesetz allein die Welt nicht zu regieren ist.

Goethe läßt den Herold das Mummenschanzfest mit einem Prolog einleiten, der dem dramaturgischem Konzept des reformierten Karnevals ähnelt:

Der Reichsbannerträger ritt im Rosenmontagszug 1824 mit. Seine Fahne zieren u.a. Krone, Kardinalshut und Schellenkappe

Herold:
„*Denkt nicht, ihr seid in deutschen Grenzen*
Von Teufels-, Narren- und Totentänzen;
Ein heitres Fest erwartet euch.
Der Herr, auf seinen Römerzügen,
Hat, sich zu Nutz, euch zum Vergnügen,
Die hohen Alpen überstiegen,
Gewonnen sich ein heitres Reich.
Der Kaiser, er, an heiligen Sohlen
Erbat sich erst das Recht zur Macht,
Und als er ging, die Krone sich zu holen,
Hat er uns auch die Kappe mitgebracht.
Nun sind wir alle neugeboren;
Ein jeder weltgewandte Mann
Zieht sie behaglich über Kopf und Ohren;
Sie ähnelt ihn verrückten Toren,
Er ist darunter weise, wie er kann."

KRONE UND NARRENKAPPE

Von jenseits der Alpen, aus Italien also, gelangt laut Mephisto die leichte Denkweise ins schwermütige teutonische Reich. Dort schien man übersehen zu haben, daß die Krone alleine noch nicht die glückliche Regentschaft eines Herrschers ausmacht. Es muß die Narrenkappe hinzukommen! Vergleichbares spielte man in Köln zu Karneval 1824 nach. Der erste Literat des Festkomitees, Christian Samuel Schier, beschrieb den nötigen Zweiklang von Ernst und Heiterkeit so:

„Bedeutsam ist der schmucke Held gezieret
In got'schen Bogen formet sich die Krone
An ihr lacht Momus, ihrer Pracht zum Hohne,
Damit sich Ernst und Scherz in eins verliert."

„So pranget er, halb Ernst, halb muntrer Scherz,
Wie's jeder will. Wer auf der Wesen Grund
Zu blicken ist gewohnt, tritt allerwärts
Mit einem tiefern Sinne in den Bund.
Es sieht's der Geist, verschweigt es auch der Mund.
Die höchste Freude grenzet an den Schmerz,
Gedankenlos bestaunt das Werk der Pöbel,
Der Weise sieht des Werkes verborgne Hebel."

Mit ernstem Gestaltungswillen und heiterem Inhalt, so ging man an den ersten durchgefeilten Rosenmontagszug von 1824 heran. Der Fastnachtsforscher Joseph Klersch faßte die Idee später so zusammen:

„Der dramatische Vorwurf, den man für das Fest von 1824 ersann, war der Besuch der Prinzessin Venetia als Repräsentantin des Karnevals des Südens bei dem Helden Karneval in Köln als der Verkörperung der nordischen Art des Festes... Entsprechend diesen Grundsätzen zog bereits an der Weiberfastnacht, nachdem das Komitee schon wochenlang durch Pressenachrichten das Interesse geweckt und gefördert hatte, ein Teil des Gefolges der Prinzessin Venetia in die Stadt ein und machte im Hotel „Kaiserlicher Hof" auf der Breite Straße Quartier... Am Sonntagnachmittag traf dann die Prinzessin mit ihrem Gefolge, über Bonn kommend, am Severinstor ein, fuhr im Triumph durch die Stadt und nahm ebenfalls im Kaiserlichen Hof Quartier. Am Fastnachtsmontag gegen 11 Uhr wurden dann der Held und die Prinzessin zum Neumarkt geleitet, wo ihnen, auf hohem Throne vereint, der Ehrenwein kredenzt wurde. Anschließend hielten die Fürsten ihren Umzug durch die Stadt, und zwar war der Zug, der Grundidee entsprechend, in eine südliche und eine nordische Gruppe eingeteilt. Am Abend sammelten sich die Teilnehmer des Zuges im Gürzenich, wo Held und Prinzessin den Ball eröffneten." (Kölner Fastnachtsspiegel 1948, S. 16 f)

Heute verkörpert im Idealfall Prinz Karneval die Rollen von Narr und Fürst in sich selber. Seine kaiserlich herausgeputzten Vorgänger waren jedoch weniger volkstümliche Entertainer als mehr noch heiter-hehre Herrscher. Statt Narrenkappe trugen sie tatsächlich eine Krone. Deshalb war es zwingend, daß um den Helden herum der Hofnarr war. Dieser begleitete ihn durchs jecke Köln. Damit es nicht zu teutonisch ernst wurde, waren „Italienische Gesandte" oder der „Doge von Venedig" als beliebte Kostüme im Tross des Narrenfürsten. Und auch diese beiden waren gern gesehene Masken in Kölns romantischen Gründerjahren: Doktor Faust und Mephistopheles.

Heute verkörpert im Idealfall Prinz Karneval die Rollen von Narr und Fürst in einer Person.

Hanswurst hatte zwar bei der Kölner Karnevalsreform seinen Rang an Held Carneval abtreten müssen, doch als Nebenfigur konnte er sich im Zug über viele Jahre noch behaupten. Mehrfach betitelte sein Name sogar das Zugmotiv. An denen läßt sich seine allmähliche Wiederaufwertung ablesen: 1831 „Hanswursts Wiedergeburt", 1838 „Hanswurst läßt sich erbauen ein Monument", 1844 durfte er sich schließlich wieder auf eine Stufe mit dem Helden stellen, als das Motto hieß „Hanswurst als Emanzipierter".

Wenden wir uns dieser lustigen Figur nun so zu, wie Goethe sie literarisch bearbeitete. Ihm widmete der Meister ein Werk - ein Jugendwerk (1775), wie es überdeutlich wird.

„HANSWURSTS HOCHZEIT"

Eigentlich sind die folgenden Zeilen zu unanständig, um niedergeschrieben zu werden. Aber wer will schon einem Goethetext den Druck verweigern? Des Dichters Kraftausdrücke kannte man ja spätestens seit 1772, da hatte er den „Götz von Berlichingen" geschrieben. Er schien sich dabei noch längst nicht verbraucht zu haben, wie wir gleich bei „Hanswurstens Hochzeit" lesen werden. Doch ein Narr ist, wer die Zeilen literarisch betrachtet und mehr darin sehen will als die aus derber Laune heraus geborenen Gelegenheitsverse. Allerdings könnten sich die „Ahl Säu" der Kölner Lumpen- und Scheunenbälle zu einem Textvergleich angestachelt fühlen, wer denn nun die ordinäreren Texte hervorbrachte. Der Dichterfürst wird auch hier nur schwer zu schlagen sein.

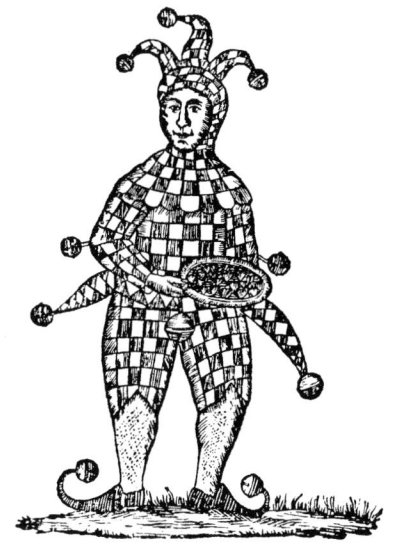

„Der alte Clevische Hanswurst", 1827. Auch er war eine Figur im restaurierten Karneval

Lassen wir Hanswurst à la Goethe zu Wort kommen.[7] Der Volksschalk will Hochzeit feiern mit seiner Ursel. Im Dialog mit dem tölpelhaften „Kilian Brustfleck" demonstriert Hanswurst seine Lebenslust, die natürlich außerhalb der bürgerlichen Konvention steht. Die dezente Umschreibung des Triebhaften - Sublimation wird es später die Psychoanalyse nennen - ist nicht sein Ding. Er ist derb, direkt, vulgär - populär.

"Kilian Brustfleck" anno 1993: Obzönes, Sexuelles, Anarchisches im Karneval ist meist heftig umstritten. Manch ein Narrenfunktionär sprang wohl über seinen Schatten, als das Festkomitee dem Künstler Wolf Vostell die Gestaltung eines Rosenmontagszugwagens überließ.

Kilian Brustfleck:
Was sind nicht alles für Leute geladen
Was ist nicht noch zu sieden und zu braten
Es ist gar nichts an einem Feste
Ohne wohlgeputzte Vornehme Gäste

Hanswurst:
Mich däucht das grösst bey einem Fest
Ist wenn man sichs wohl schmecken lässt
Und ich hab keinen Appetit
Als ich nähm gern Ursel aufn Boden mit
Und aufm Heu und aufm Stroh
Jauchzten wir in dulci iubilo.

Kilian Brustfleck:
Ich sag euch was die deutsche Welt
An grosen Nahmen nur enthält
Kommt alles heut in euer Haus
Formirt den schönsten Hochzeitschmaus

Hanswurst:
Ich mögt wohl meine Pritsche schmieren
Und sie zur Thür hinaus formiren
Indess was hab ich mit den Flegeln
Sie mögen fressen und ich will vögeln

Nachdem die Bedürfnislagen so klar abgegrenzt sind, darf nun die illustre Gästeschar einziehen. Als da sind:

Hanswurst Bräutigam.
Ursel Blandine Braut.
Ursel mit dem kalten Loch Tante.
Hans Arsch von Rippach
Hans Arschgen von Rippach empfindsam.
Matzfoz von Dresden.
Tölpel von Passau
Reckärschgen   Nichte
Schnuckfözgen   Nichte
Herr Urian Kuppler
Maulaff
Peter Sauschwanz
Schweinigel
Scheismaz
Rotzlöffel   Page
Gelbschnabel   Page
Schwanz Kammerdiener
Flegel
Fladen Candidat.
Mag. Sausack Pastor Loci
Stinckwiz Kammeriuncker
Jfr Flöhhot.
Hauslümmel Hausknecht
Bieresel Kellerknecht
Hosenscheiser   Pathe der Braut.
Leckarsch   Pathe der Braut.
Dr. Bonefurz
Eulenspiegel

Fozzenhut
Dreckfincke
Saumagen
Kropfliesgen
Schnudelbutz
Hundejunge.
Schwerenöther Projecktmacher.
Mazpumpes genannt Kuhfladen.
Juncker Schlingschlangschlodi
kommt von Ackademien.
Heularsch.

Auch sie paßten wohl in Hanswurstens derb - illustre Gästeschar. Die „Ahl Säu" sind langjährig selbsternannte Vorgruppe zum Rosenmontagszug

NOCH EINMAL KIND SEIN

War der junge Goethe angesichts solcher Texte nun ein besonderes Ferkel? Ach was! Hier geht es um ein Spiel. Ein Spiel, wie es seit altersher in den Kulturen gepflegt wird, zu Karneval besonders. Denn der ist nicht nur ein Fest der politischen sondern auch der psychologischen Anarchie. Erwachsene dürfen sich noch einmal wie die Kinder benehmen - ohne sich schämen zu müssen, ohne Ansehen zu verlieren. Sich an tabuisierten Ausdrücken zu weiden, die Triebwelt mal beim Namen zu nennen, macht zuweilen Spaß. Der Kulturbürger allerdings ritualisiert solche Spiele. Sie sind

eng begrenzt auf bestimmte Anlässe und Zeiten. Der Karneval ist solch ein umschriebener Rahmen. Theologisch verstanden - und der Klerus ließ im Mittelalter zur Fastnacht bevorzugt die Sau heraus - muß das Triebhafte in uns an den tollen Tagen nicht gefürchtet werden, wenn der nachfolgende Aschermittwoch respektiert wird. Der dient nicht der billigen Absolution, sondern der Einsicht, daß eine so ungehemmte, triebbetonte Welt auf Dauer nicht tragfähig ist, sogar gemeinschaftszerstörend ist. Narrheit wurde also demonstriert, um sie letztlich zu überwinden. In der Ritualisierung und Terminierung des derben Spiels liegt auch der Unterschied zum „Dauerschweinkram", ob er nun auf St. Pauli oder am „Ballermann" ausgelebt wird.

Gerade für den braven Kulturbürger hat diese Regression auf kindliche, archaische Stufen ihren Reiz. Es ist überhaupt kein Widerspruch, wenn berichtet wird, daß auf den Scheunen- und Lumpenbällen der Nachkriegszeit der biedere Heinrich Lübke, späterer Bundespräsident, gerne - und heimlich - zu Gast war. An Goethes Hanswurstiade hätte er vermutlich ebenso Gefallen finden können, wie an den Liedern der Scheune. Eins ihrer bekanntesten ist das vom Wochenplan.

„Am Samsdach jib et Barjeld
am Sundach jon mer us
Mondach weed jekejelt
Am Diensdach schlofe mer us
Mittwoch, drieße mer dem Chef ens op d'r Disch
Donnerstags weed die Ahl jepopp
Un Friedachs jit et Fisch."

Inzwischen ließen die Bläck Fööss das Lied in entschärfter Form wiederaufleben. Doch groß war die Entrüstung in bestimmten Kreisen Mitte der achtziger Jahre, als die Gruppe ein Repertoire aus dem Dunstkreis der „Scheune" ungefiltert in den Sitzungssaal hineintrug: Et Kackleed.

„Loss m'r e Leedche vum Kacke singe
Kacke es e herrlich Dinge
Kacke es en jroße Nut
Den wenn de nit mieh kacke kanns
Dann bes de dut
Su künnte mir noch lang vum kacke singe
Denn et es e herrlich Dinge
Dröm rode mir üch all
Dot drieße weich und rund
Wä immer richtich kacke kann
Da bliev jesund."

Kölsche Symbolfigur:
Der Kallendresser vom Altermarkt

Vermutlich hätten Goethe und sein Mäzen und Freund, Großherzog Karl August von Weimar, am lautesten mitgesungen. Und allen, die entrüstet die Nase gerümpft hätten, hätten sie vielleicht Hanswurstens Worte entgegengehalten:

„Das müsst ihr freylich besser wissen
Denn ihr habt euch gar viel des Ruhms beflissen
Und drum den Wohlstand nie verlezt
Viel lieber in die Hosen geschissen
Als euch an einen Zaun gesetzt."

(aus: Hanswursts Hochzeit)

Ein Letztes: Die regressive Lust, die Wonne noch mal Kind zu spielen, erschöpft sich nicht in Zoten und Fäkalsprache. Hierzu gehört auch die Freude am Rollenwechsel, an der Verkleidung, an der Maskerade. Auch hieran hatten der Dichter und der Herzog ihren Spaß und feierten gerne kostümiert mit. Goethe schrieb diverse „Maskenzüge". Historische und allegorische Figuren zogen in den wortreich ausgeschmückten Festzügen mit. Auch wenn die meisten dieser Redouten auf den 30. Januar fielen, also mitten in Kölns Karnevals-Session, so sind es doch keine fastnachtlichen Aufzüge. Goethe schuf solche Gefälligkeits- und Gelegenheitsdichtungen meist zu Ehren der Weimarer Herzogin, die an diesem Tag Geburtstag hatte. Inneres Motiv ist dem Dichter nicht die Idee des Karnevals sondern seine Leidenschaft fürs Theater. Doch Karneval und Theater treffen sich in einer Schnittmenge. Beide nutzen die Maskerade, lieben die Herausstellung historischer Figuren, die Überzeichnung idealisierter Botschaften, sie leben von der Lust am Spiel mit der Verkleidung.

Wer weiß, welch ein Narr aus dem Geheimrat geworden wäre, hätte er statt am Hof zu Weimar am Hofe seiner Tollität in Köln gelebt. Konnte er in Thüringen auch kein Fastelovendsjeck werden, so blieb er doch ein Sympathisant des Fests. Die Maskeraden und Bälle waren ihm im hohen Alter noch eine Tagebuchnotiz wert: „Mein Sohn und die Frauenzimmer präsentierten sich in ihren Masken. Er als Falstaff nahm sich besonders gut aus; Ottilie als Phantasie, Ulrike als englische Dame, hatten nicht verfehlt, sich zierlich zu schmücken. Die Kinder als Pulcinelle liefen mit drein." So heißt es am 9. März 1829.

Doch wie das so ist mit den betagten Herrschaften, feiern sie nicht mehr unbedingt selber mit. Sie erfreuen sich aber des Treibens der Jugend, wie uns Goethes Tagebuch über die Fastnacht von 1828 Auskunft gibt (19. Februar): „Beschäftigung der Kinder mit Maskenspäßen. Speiste mit Wölfchen (ein Enkel) und fuhr fort alles Nächste zu bedenken. Abends besuchten mich die Maskierten und stellten sich mit ganz wohl ausgeführten Torheiten dar. Ich blieb für mich und verlor den Faden meiner Arbeiten keineswegs."

Na bitte, der Klassiker siegte doch über den Humoristen!

Goethe selber hatte Lust an der Kostümierung. Vor allem in jungen Jahren zeigte er sich gerne auf der Bühne. Hier in seinem eigenen Werk „Iphigenie auf Tauris" in der Rolle des „Orest" (Ölgemälde von G. M. Kraus, 1779)

VOM CORSO ZUM ZOCH

Was ein Goethe nicht wußte, das ahnte er zumindest. Er muß geahnt haben, daß Köln die nördlichste Stadt Italiens ist. Wissen konnte er es nicht, denn dafür war er dann doch zu selten hier zu Gast, vor allem nicht während der Fastelovendssession. Doch er wußte, wie sehr die rheinische Bildungsbürgerschicht um 1820 Interesse an seinen Schriften fand und wie sie sich von den Aufzeichnungen seiner italienischen Reise beeindrucken ließ. Vor allem, als man in Köln daran ging, den verrohten Karneval zu reformieren und ihn nach italienischem Vorbild zu veredeln. Da diente seine Beschreibung des römischen Carnevals (damals benutzte man das lateinische Geschlecht, das Neutrum: "das Carneval") als inspirierende Vorgabe. Nicht, daß die Kölner Festordner hier etwas platt kopiert hätten. Es muß sich ein Stück Seelenverwandtschaft zwischen der Ewigen Stadt am Tiber und dem "Rom des Nordens" am Rhein vermittelt haben.

Rom hatte den Corso, und Köln bekam seinen Zoch. Da waren schon Unterschiede: Hier die gerade Strecke zwischen dem venezianischen Palast und der Piazza del Popolo als Rennbahn, dort der verschlungene Zochweg durch die Innenstadt. Beim einem entlädt sich die Spannung im ungestümen Pferderennen, dort führt die Dramaturgie auf Held, Prinz Carneval als Höhepunkt hin. Doch die Seele des Fests liegt hier wie dort beim Publikum. Hier drängen sich Parallelen auf: Menschen einer Stadt geben sich ihr Fest unter freiem Himmel. Hart drängen sie an den Zugweg heran, bauen Tribünen und begehren Fensterplätze. Glückseliges Sich-Fallen-Lassen wechselt mit Momenten der Gefahr. Man will sehen und gesehen werden. Die Straße wird zur Bühne tausendfacher Selbstinszenierung.
Goethe fängt diese Stimmung in Rom ein – und beschreibt damit Köln. In einem Textspiel wird das deutlich: Ersetzen wir die römische Topographie des Goethetextes durch eine kölsche, sagen wir beispielsweise für:

Peterskirche   -   *Dom*
Corso   -   *Schildergasse*
Piazza del Popolo   -   *Neumarkt*
Castell Sanct Angelo   -   *Rathaus*
Venezianischer Palast   -   *Gürzenich*

Sprechen wir vom "Fastelovend in Kölle" statt vom "römischen Carneval". Wir merken – so wir uns jemals ins Karnevalsgetümmel gestürzt haben – wie viele Nuancen auf die Atmosphäre, auf den Ausnahmezustand der Stadt an den tollen Tagen zutreffen. Auch heute noch, über 200 Jahre nach Goethes Italienreise.

Der Olympier wird es uns verzeihen, wenn wir aus seiner Schilderung des römischen Carnevals eine Reportage von Kölns tollen Tagen machen. Ja, wir bedienen uns sogar seiner Zitate als Bildunterschrift zu Fotos unserer Tage. Nicht aus Respektlosigkeit, sondern als närrisches Spiel, das staunen läßt, wie tiefgehend kölsche Fastelovendsblüten in südländischen Vorgaben wurzeln. Der alte Geheimrat führt es uns mal wieder vor.

Orthographie und Interpunktion des Originaltextes von 1789 mochten wir weitgehend beibehalten. Er strahlt eine gewisse Würde aus, die als Spannung lebendig wird, wenn ihm die Fotos der Jetzt-Zeit eingestreut werden. Sie sollen nicht die Illustrationen der Erstausgabe ersetzen, sondern sie mögen der kleinen Schrift eine neue, aktuelle Dimension geben. So eingebettet in Goethes Worte geben die Bilder etwas von der im rheinischen Karneval verborgenen Lebensphilosophie wieder – allen Tärääs und Trallalas zum Trotz.

Hier eine kleine Starthilfe mit den ersten Seiten des Originaltextes in eingekölschter Version (Veränderungen sind kursiv gezeichnet).

RÖMISCHER CARNEVAL IN KÖLN
– EIN TEXTSPIEL –

Indem wir eine Beschreibung des *Fastelovends* unternehmen, müssen wir den Einwurf befürchten: daß eine solche Feierlichkeit eigentlich nicht beschrieben werden könne. Eine solche lebendige Masse sinnlicher Gegenstände sollte man sich unmittelbar vor dem Auge bewegen und von einem jeden nach seiner Art angeschaut und angefaßt werden. Noch bedenklicher wird diese Einwendung, wenn wir selbst gestehen müssen: daß dem *Fastelovend* einem fremden Zuschauer, der es zum erstenmal sieht und nur sehen will und kann, weder einen ganzen noch einen erfreulichen Eindruck gebe, weder das Auge sonderlich ergötze, noch das Gemüt befriedige.

Die lange und schmale Straße, in welcher sich unzählige Menschen hin und wider wälzen, ist nicht zu übersehen; kaum unterscheidet man etwas in dem Bezirk des Getümmels, den das Auge fassen kann. Die Bewegung ist einförmig, der Lärm betäubend, das Ende der Tage unbefriedigend. Allein diese Bedenklichkeiten sind bald gehoben, wenn wir uns näher erklären; und vorzüglich wird die Frage sein: ob uns die Beschreibung selbst rechtfertigt?

Der *Fastelovend in Kölle* ist eine Fest, das dem Volke eigentlich nicht gegeben, sondern das sich das Volk selbst gibt.

Der Staat macht wenig Anstalten, wenig Aufwand dazu. Der Kreis der Freunde bewegt sich von selbst, und die Polizei regiert ihn nur mit gelinder Hand.

Hier ist nicht ein Fest, das wie die vielen geistlichen Feste *Kölns* die Augen der Zuschauer blendete; hier ist kein Feuerwerk, das vom *Rathaus* einen einzigen überraschenden Anblick gewährte; hier ist keine Erleuchtung der *Domtürme*, welche so viele Fremde aus allen Landen herbeilockt und befriedigt; hier ist keine glänzende Prozession, bei deren Annäherung das Volk beten und staunen soll; hier wird vielmehr nur ein Zeichen gegeben, daß jeder so töricht und toll sein dürfe, als er wolle, und daß außer Schlägen und Messerstichen fast alles erlaubt sei.

Der Unterschied zwischen Hohen und Niedern scheint einen Augenblick aufgehoben: alles nähert sich einander, jeder nimmt was ihm begegnet, leicht auf, und die wechselseitige Frechheit und Freiheit wird durch eine allgemeine gute Laune im Gleichgewicht gehalten.

Wir werden uns bemühen, die Freuden und den Taumel dieser Tage vor die Einbildungskraft unserer Leser zu bringen, wir hoffen, durch Hilfe der beigefügten *Fotos* unsern Endzweck leichter zu erreichen, und zu mancherlei Betrachtung Anlaß zu geben.

Auch schmeicheln wir uns, solchen Personen zu dienen, welche dem *Fastelovend* selbst einmal beigewohnt und sich nun mit einer lebhaften Erinnerung jener Zeit vergnügen mögen; nicht weniger solchen, welchen jene Reise noch bevorsteht und denen diese wenigen Blätter Übersicht und Genuß einer überdrängten und vorbeirauschenden Freude verschaffen können.

DER NEUMARKT

Der *Fastelovend in Kölle* versammelt sich auf dem *Neumarkt*. Dieser Platz beschränkt und bestimmt die öffentliche Feierlichkeit dieser Tage. An jedem andern Platz würde es ein ander Fest sein; und wir haben daher vor allen Dingen den *Neumarkt* zu beschreiben.

Er führt den Namen, wie mehrere große Plätze *deutscher* Städte, von dem Handel mit den Pferden, womit zu *Köln* sich *manches Volksfest* schließt, und womit an andern Orten andere Feierlichkeiten, als das Fest eines Schutzpatrons, ein Kirchweihfest, geendigt werden.

Die Straße vom *Neumarkt* geht schnurgerade bis an den *Gürzenich* hinunter. Sie ist ungefähr viertehalbtausend Schritte lang und von hohen, meistenteils prächtigen Gebäuden eingefaßt. Ihre Breite ist gegen die Länge und gegen die Höhe der Gebäude nicht verhältnismäßig. An beiden Seiten nehmen Pflastererhöhungen für die Fußgänger ungefähr sechs bis acht Fuß weg. In der Mitte bleibt für die Wagen an den meisten Orten nur wenig Raum von zwölf bis vierzehn Schritten, und man sieht also leicht, daß höchstens drei Fuhrwerke sich in dieser Breite nebeneinander bewegen können..."

An dieser Stelle wollen wir abbrechen und es Ihnen, werter Leser, überlassen dieses Spiel[8] hier und da mal weiter zu treiben.

Viel Spaß dabei!

Römische Einflüsse sind auch noch im Rosenmontagszug präsent. Neue Jecken-Idole haben den Pulcinellen-König abgelöst

GOETHE
DAS RÖMISCHE CARNEVAL

In dem wir eine Beschreibung des Römischen Karnevals unternehmen, müssen wir den Einwurf befürchten: daß eine solche Feierlichkeit eigentlich nicht beschrieben werden könne. Eine so große lebendige Masse sinnlicher Gegenstände sollte sich unmittelbar vor dem Auge bewegen und von einem jeden nach seiner Art angeschaut und gefaßt werden.

Noch bedenklicher wird diese Einwendung, wenn wir selbst gestehen müssen: daß das Römische Karneval einem fremden Zuschauer, der es zum erstenmal sieht und nur sehen will und kann, weder einen ganzen noch einen erfreulichen Eindruck gebe, weder das Auge sonderlich ergötze, noch das Gemüt befriedige.

Die lange und schmale Straße, in welcher sich unzählige Menschen hin und wider wälzen, ist nicht zu übersehen; kaum unterscheidet man etwas in dem Bezirk des Getümmels, den das Auge fassen kann. Die Bewegung ist einförmig, der Lärm betäubend, das Ende der Tage unbefriedigend. Allein diese Bedenklichkeiten sind bald gehoben, wenn wir uns näher erklären; und vorzüglich wird die Frage sein: ob uns die Beschreibung selbst rechtfertigt?

Das Römische Carneval ist ein Fest, das dem Volke eigentlich *nicht gegeben wird, sondern das sich das Volk selbst gibt.*[9]

Der Staat macht wenig Anstalten, wenig Aufwand dazu. Der Kreis der Freuden bewegt sich von selbst, und die Policey regiert ihn nur mit gelinder Hand.

Hier ist ein Fest, das wie die vielen geistlichen Feste Roms die Augen der Zuschauer blendete; hier ist kein Feuerwerk, das von dem Castel Sanct Angelo einen einzigen überraschenden Anblick gewährte; hier ist keine Erleuchtung der Peterskirche und Kuppel, welche so viel Fremde aus allen Landen herbeilockt und befriedigt; hier ist keine glänzende

Prozession, bei deren Annäherung das Volk beten und staunen soll; hier wird vielmehr nur ein Zeichen gegeben, daß jeder so töricht und toll sein dürfe, als er wolle, und daß außer Schlägen und Messerstichen fast alles erlaubt sei.

Der Unterschied zwischen Hohen und Niedern scheint einen Augenblick aufgehoben: alles nähert sich einander, jeder nimmt was ihm begegnet leicht auf, und die wechselseitige Frechheit und Freiheit wird durch eine allgemeine gute Laune im Gleichgewicht erhalten.

In diesen Tagen freuet sich der Römer noch zu unsern Zeiten, daß die Geburt Christi das Fest der Saturnalien und seiner Privilegien wohl um einige Wochen verschieben, aber nicht aufheben konnte.

Wir werden uns bemühen, die Freuden und den Taumel dieser Tage vor die Einbildungskraft unserer Leser zu bringen [, wir hoffen, durch Hilfe der beigefügten Kupfer unsern Endzweck leichter zu erreichen, und zu mancherlei Betrachtungen Anlaß zu geben.][10]

Auch schmeicheln wir uns, solchen Personen zu dienen, welche dem Römischen Carneval selbst einmal beigewohnt und sich nun mit einer lebhaften Erinnerung jener Zeiten vergnügen mögen; nicht weniger solchen, welchen jene Reise noch bevorsteht und denen diese wenigen Blätter Übersicht und Genuß einer überdrängten und vorbeirauschenden Freude verschaffen können.

DER CORSO

Das Römische Carneval versammelt sich in dem Corso. Diese Straße beschränkt und bestimmt die öffentliche Feierlichkeit dieser Tage. An jedem andern Platz würde es ein ander Fest sein; und wir haben daher vor allen Dingen den Corso zu beschreiben.

Er führt den Namen, wie mehrere lange Straßen italienischer Städte, von dem Wettrennen der Pferde, womit zu Rom sich jeder Carnevalsabend schließt, und womit an andern Orten andere Feierlichkeiten, als das Fest eines Schutzpatrons, ein Kichweihfest geendigt werden.

Die Straße geht von der Piazza del Popolo schnurgerade bis an den venezianischen Palast. Sie ist ungefähr viertehalbtausend Schritte lang und von hohen, meistenteils prächtigen Gebäuden eingefaßt. Ihre Breite ist gegen ihre Länge und gegen die Höhe der Gebäude nicht verhältnismäßig. An beiden Seiten nehmen Pflastererhöhungen für die Fußgänger ungefähr sechs bis acht Fuß weg. In der Mitte bleibt für die Wagen an den meisten Orten nur der Raum von zwölf bis vierzehn Schritten, und man sieht also leicht, daß höchstens drei Fuhrwerke sich in dieser Breite nebeneinander bewegen können.
Der Obelisk auf der Piazza del Popolo ist im Carneval die unterste Grenze dieser Straße; der venezianische Palast die obere.

SPAZIERFAHRT IM CORSO

Schon alle Sonn- und Festtage eines Jahres ist der römische Corso belebt. Die vornehmern und reichern Römer fahren hier eine oder anderthalb Stunden vor Nacht in einer sehr zahlreichen Reihe spazieren; die Wagen kommen vom venezianischen Palast herunter, halten sich an der linken Seite, fahren, wenn es schön Wetter ist, an dem Obelisk vorbei, zum Tore hinaus und auf den Flaminischen Weg, manchmal bis Ponte molle.
Die früher oder später Umkehrenden halten sich an die andere Seite; so ziehen die beiden Wagenreihen in der besten Ordnung aneinander hin.
Die Gesandten haben das Recht, zwischen beiden Reihen auf und nieder zu fahren. Dem Prätendenten, der sich unter dem Namen eines Herzogs von Albanien in Rom aufhielt, war es gleichfalls zugestanden.
Sobald die Nacht eingeläutet wird, ist diese Ordnung unterbrochen; jeder wendet, wo es ihm beliebt, und sucht seinen nächsten Weg, oft zur Unbequemlichkeit vieler andern Equipagen, welche in dem engen Raum dadurch gehindert und aufgehalten werden.
Diese Abendspazierfahrt, welche in allen großen italienischen Städten brillant ist und in jeder kleinen Stadt, wäre es auch nur mit einigen

Goethe *"...daß eine solche Feierlichkeit eigentlich nicht beschrieben werden könne ..."*

Goethe
"...wenn wir nun bald eine Menge Masken in freier Luft sehen..."

Kutschen, nachgeahmt wird, lockt viele Fußgänger in den Corso; jedermann kommt, um zu sehen oder gesehen zu werden.

Das Carneval ist, wie wir bald bemerken können, eigentlich nur eine Fortsetzung oder vielmehr der Gipfel jener gewöhnlichen sonn- und festtägigen Freuden; es ist nichts Neues, nichts Fremdes, nichts Einziges, sondern schließt sich nur an die römische Lebensweise ganz natürlich an.

KLIMA, GEISTLICHE KLEIDUNGEN

Ebensowenig fremd wird es uns scheinen, wenn wir nun bald eine Menge Masken in freier Luft sehen, da wir so manche Lebensszene unter dem heitern frohen Himmel das ganze Jahr durch zu erblicken gewohnt sind. Bei einem jeden Feste bilden ausgehängte Teppiche, gestreute Blumen, übergespannte Tücher die Straßen gleichsam zu großen Sälen und Galerien um.

Keine Leiche wird ohne vermummte Begleitung der Brüderschaften zu Grabe gebracht; die vielen Mönchskleidungen gewöhnen das Auge an fremde und sonderbare Gestalten; es scheint das ganze Jahr Carneval zu sein, und die Abbaten in schwarzer Kleidung scheinen unter den übrigen geistlichen Masken die edlern Tabbarros vorzustellen.

ERSTE ZEIT

Schon von dem neuen Jahre an sind die Schauspielhäuser eröffnet, und das Carneval hat seinen Anfang genommen. Man sieht hie und da in den Logen eine Schöne, welche als Offizier ihre Epouletten mit größter Selbstzufriedenheit dem Volke zeigt. Die Spazierfahrt im Corso wird zahlreicher; doch die allgemeine Erwartung ist auf die letzten acht Tage gerichtet.

VORBEREITUNGEN AUF DIE LETZTEN TAGE

Mancherlei Vorbereitungen verkündigen dem Publikum diese paradiesischen Stunden.

Der Corso, eine von den wenigen Straßen in Rom, welche das ganze Jahr rein gehalten werden, wird nun sorgfältiger gekehrt und gereiniget. Man ist beschäftigt, das schöne, aus kleinen, viereckig zugehauenen, ziemlich gleichen Basaltstücken zusammengesetzte Pflaster, wo es nur einigermaßen abzuweichen scheint, auszuheben und die Basaltkeile wieder neu in Stand zu setzen.

Außer diesem zeigen sich auch lebendige Vorboten. Jeder Carnevalsabend schließt sich, wie wir schon erwähnt haben, mit einem Wettrennen. Die Pferde, welche man zu diesem Endzweck unterhält, sind meistenteils klein und werden, wegen fremder Herkunft der besten unter ihnen, Barberi genannt.

Ein solches Pferdchen wird mit einer Decke von weißer Leinwand, welche am Kopf, Hals und Leib genau anschließt und auf den Nähten mit bunten Bändern besetzt ist, vor dem Obelisk an die Stelle gebracht, wo es in der Folge auslaufen soll. Man gewöhnt es, den Kopf gegen den Corso gerichtet, eine Zeitlang still zu stehen, führt es alsdann sachte die Straße hin und gibt ihm oben am venezianischen Palast ein wenig Hafer, damit es ein Interesse empfinde, seine Bahn desto geschwinder zu durchlaufen.

Da diese Übung mit den meisten Pferden, deren oft funfzehn bis zwanzig an der Zahl sind, wiederholt, und eine solche Promenade immer von einer Anzahl lustig schreiender Knaben begleitet wird, so gibt es schon einen Vorschmack von einem größern Lärm und Jubel, der bald folgen soll.

Ehemals nährten die ersten römischen Häuser dergleichen Pferde in ihren Marställen; man schätzte sich es zur Ehre, wenn ein solches den Preis davon tragen konnte. Es wurden Wetten angestellt, und der Sieg durch ein Gastmahl verherrlicht.

Goethe *"...ein Fest, ... das sich das Volk selbst gibt..."*

Goethe
"...Nun kommt der General..."

In den letzten Zeiten hingegen hat diese Liebhaberei sehr abgenommen, und der Wunsch, durch seine Pferde Ruhm zu erlangen, ist in die mittlere, ja in die unterste Klasse des Volks herabgestiegen.

Aus jenen Zeiten mag sich noch die Gewohnheit herschreiben, daß der Trupp Reiter, welcher, von Trompetern begleitet, in diesen Tagen die Preise in ganz Rom herumzeigt, in die Häuser der Vornehmen hineinreitet und nach einem geblasenen Trompeterstückchen ein Trinkgeld empfängt.

Der Preis bestehet aus einem etwa drittehalb Ellen langen und nicht gar eine Elle breiten Stück Gold- oder Silberstoff, das an einer bunten Stange wie eine Flagge befestigt schwebt und an dessen unterm Ende das Bild einiger rennenden Pferde quer eingewirkt ist.

Es wird dieser Preis Palio genannt, und so viel Tage das Carneval dauert, so viele solcher Quasi-Standarten werden von dem erst erwähnten Zug durch die Straßen von Rom aufgezeigt.

Inzwischen fängt auch der Corso an, seine Gestalt zu verändern; der Obelisk wird nun die Grenze der Straße. Vor demselben wird ein Gerüste mit vielen Sitzreihen übereinander aufgeschlagen, welches gerade in den Corso hineinsieht. Vor dem Gerüste werden die Schranken errichtet, zwischen welche man künftig die Pferde zum Ablaufen bringen soll.

An beiden Seiten werden ferner große Gerüste gebaut, welche sich an die ersten Häuser des Corso anschließen und auf diese Weise die Straße in den Platz herein verlängern. An beiden Seiten der Schranken stehen kleine, erhöhte und bedeckte Bogen für die Personen, welche das Ablaufen der Pferde regulieren sollen.

Den Corso hinauf sieht man vor manchen Häusern ebenfalls Gerüste aufgerichtet. Die Plätze von Sanct Carlo und der Antoninischen Säule werden durch Schranken von der Straße abgesondert, und alles bezeichnet genug, daß die ganze Feierlichkeit sich in dem langen und schmalen Corso einschränken solle und werde.

Zuletzt wird die Straße in der Mitte mit Puzzolane bestreut, damit die wettrennenden Pferde auf dem glatten Pflaster nicht so leicht ausgleiten mögen.

SIGNAL DER VOLLKOMMNEN CARNEVALSFREIHEIT

So findet die Erwartung sich jeden Tag genährt und beschäftigt, bis endlich eine Glocke vom Capitol, bald nach Mittage, das Zeichen gibt, es sei erlaubt, unter freiem Himmel töricht zu sein.

In diesem Augenblick legt der ernsthafte Römer, der sich das ganze Jahr sorgfältig vor jedem Fehltritt hütet, seinen Ernst und seine Bedächtigkeit auf einmal ab.

Die Pflasterer, die bis zum letzten Augenblicke gekläppert haben, packen ihr Werkzeug auf und machen der Arbeit scherzend ein Ende. Alle Balkone, alle Fenster werden nach und nach mit Teppichen behängt, auf den Pflastererhöhungen zu beiden Seiten der Straße werden Stühle herausgesetzt, die geringern Hausbewohner, alle Kinder sind auf der Straße, die nun aufhört eine Straße zu sein; sie gleicht vielmehr einem großen Festsaal, einer ungeheuren ausgeschmückten Galerie.

Denn wie alle Fenster mit Teppichen behängt sind, so stehen auch alle Gerüste mit alten gewirkten Tapeten beschlagen; die vielen Stühle vermehren den Begriff von Zimmer, und der freundliche Himmel erinnert selten, daß man ohne Dach sei.

So scheint die Straße nach und nach immer wohnbarer. Indem man aus dem Hause tritt, glaubt man nicht im Freien und unter Fremden, sondern in einem Saale unter Bekannten zu sein.

WACHE

Indessen, daß der Corso immer belebter wird, und unter den vielen Personen, die in ihren gewöhnlichen Kleidern spazieren, sich hier und da ein Pulcinell zeigt, hat sich das Militär vor der Porta del Popolo versammelt. Es zieht, angeführt von dem General zu Pferde, in guter Ordnung und neuer Montur mit klingendem Spiel den Corso herauf und besetzt sogleich alle Eingänge in denselben, errichtet ein paar Wachen auf den Hauptplätzen und übernimmt die Sorge für die

Goethe *"... Indessen die Masken sich vermehren ..."*

Goethe
"... fahren die Kutschen nach und nach in den Corso hinein ..."

Ordnung der ganzen Anstalt.

Die Verleiher der Stühle und Gerüste rufen nun eimsig den Vorbeigehenden an: Luoghi! Luoghi, Padroni! Luoghi!

MASKEN

Nun fangen die Masken an sich zu vermehren. Junge Männer, geputzt in Festtagskleidern der Weiber aus der untersten Klasse, mit entblößtem Busen und frecher Selbstgenügsamkeit, lassen sich meist zuerst sehen. Sie liebkosen die begegnenden Männer, tun gemein und vertraut mit den Weibern als mit ihresgleichen, treiben sonst, was ihnen Laune, Witz oder Unart eingeben.

Wir erinnern uns unter andern eines jungen Menschen, der die Rolle einer leidenschaftlichen, zanksüchtigen und auf keine Weise zu beruhigenden Frau vortrefflich spielte und so sich den ganzen Corso hinabzankte, jedem etwas anhängte, indes seine Begleiter sich alle Mühe zu geben schienen, ihn zu besänftigen.

Hier kommt ein Pulcinell gelaufen, dem ein großes Horn an bunten Schnüren um die Hüften gaukelt. Durch eine geringe Bewegung, indem er sich mit den Weibern unterhält, weiß er die Gestalt des alten Gottes der Gärten in dem heiligen Rom kecklich nachzuahmen, und seine Leichtfertigkeit erregt mehr Lust als Unwillen. Hier kommt ein anderer seinesgleichen, der, bescheidner und zufriedner, seine schöne Hälfte mit sich bringt.

Da die Frauen ebensoviel Lust haben, sich in Mannskleidern zu zeigen, als die Männer sich in Frauenskleidern sehen zu lassen, so haben sie die beliebte Tracht des Pulcinells sich anzupassen nicht verfehlt, und man muß bekennen, daß es ihnen gelingt, in dieser Zwittergestalt oft höchst reizend zu sein.

Mit schnellen Schritten, deklamierend, wie vor Gericht, drängt sich ein Advokat durch die Menge; er schreit an die Fenster hinauf, packt maskierte und unmaskierte Spaziergänger an, droht einem jeden mit einem

Prozeß, macht bald jenem eine lange Geschichtserzählung von lächerlichen Verbrechen, die er begangen haben soll, bald diesem eine genaue Spezifikation seiner Schulden. Die Frauen schilt er wegen ihrer Cicisbeen, die Mädchen wegen ihrer Liebhaber; er beruft sich auf ein Buch, das er bei sich führt, produziert Dokumente, und das alles mit einer durchdringenden Stimme und geläufigen Zunge. Er sucht jedermann zu beschämen und konfus zu machen. Wenn man denkt, er höre auf, so fängt er erst recht an; denkt man, er gehe weg, so kehrt er um; auf den einen geht er gerade los und spricht ihn nicht an, er packt einen andern, der schon vorbei ist; kommt nun gar ein Mitbruder ihm entgegen, so erreicht die Tollheit ihren höchsten Grad.

Aber lange können sie die Aufmerksamkeit des Publikums nicht auf sich ziehen; der tollste Eindruck wird gleich von Menge und Mannigfaltigkeit wieder verschlungen.

Besonders machen die Quacqueri zwar nicht so viel Lärm, doch ebensoviel Aufsehen als die Advokaten. Die Maske der Quacqueri scheint so allgemein geworden zu sein durch die Leichtigkeit, auf dem Trödel altfränkische Kleidungsstücke finden zu können.

Die Haupterfordernisse dieser Maske sind: daß die Kleidung zwar altfränkisch, aber wohlerhalten und von edlem Stoff sei. Man sieht sie selten anders als mit Samt oder Seide bekleidet, sie tragen brokatene oder gestickte Westen, und der Natur nach muß der Quacquero dickleibig sein; seine Gesichtsmaske ist ganz, mit Pausbacken und kleinen Augen; seine Perücke hat wunderliche Zöpfchen; sein Hut ist klein und meistens bordiert.

Man siehet, daß sich diese Figur sehr dem Buffo caricato der komischen Oper nähert, und wie dieser meistenteils einen läppischen, verliebten, betrogenen Toren vorstellt, so zeigen sich auch diese als abgeschmackte Stutzer. Sie hüpfen mit großer Leichtigkeit auf den Zehen hin und her, führen große schwarze Ringe ohne Glas statt der Lorgnetten, womit sie in alle Wagen hineingucken, nach allen Fenstern hinaufblicken. Sie machen gewöhnlich einen steifen tiefen Bückling, und ihre Freude,

Goethe *"... daß jeder so töricht und toll sein dürfe, als er wolle..."*

Goethe
"... der Lärm betäubend ..."

Goethe *"... Es zieht
... in guter Ordnung und neuer
Montur mit klingendem Spiel
den Corso herauf..."*

Goethe
"... Eine so große lebendige Masse..."

Goethe *"..Vielmehr geht ein jeder nur aus, sich zu vergnügen..."*

Goethe
"... seine Tollheit auszulassen..."

besonders wenn sie sich einander begegnen, geben sie dadurch zu erkennen, daß sie mit gleichen Füßen mehrmals gerade in die Höhe hüpfen und einen hellen, durchdringenden, unartikulierten Laut von sich geben, der mit den Konsonanten brr verbunden ist.

Oft geben sie sich durch diesen Ton das Zeichen, und die nächsten erwidern das Signal, so daß in kurzer Zeit dieses Geschrille den ganzen Corso hin- und widerläuft.

Mutwillige Knaben blasen indes in große gewundne Muscheln und beleidigen das Ohr mit unerträglichen Tönen.

Man sieht bald, daß bei der Enge des Raums, bei der Ähnlichkeit so vieler Maskenkleidungen (denn es mögen immer einige hundert Pulcinelle und gegen hundert Quacqueri im Corso auf- und niederlaufen) wenige die Absicht haben können, Aufsehn zu erregen oder bemerkt zu werden. Auch müssen diese früh genug im Corso erscheinen. Vielmehr geht ein jeder nur aus, sich zu vergnügen, seine Tollheit auszulassen und der Freiheit dieser Tage auf das beste zu genießen.

Besonders suchen und wissen die Mädchen und Frauen sich in dieser Zeit nach ihrer Art lustig zu machen. Jede sucht nur aus dem Hause zu kommen, sich, auf welche Art es sei, zu vermummen, und weil die wenigsten in dem Fall sind, viel Geld aufwenden zu können, so sind sie erfinderisch genug, allerlei Arten auszudenken, wie sie sich mehr verstecken als zieren.

Sehr leicht sind die Masken von Bettlern und Bettlerinnen zu schaffen; schöne Haare werden vorzüglich erfordert, dann eine ganz weiße Gesichtsmaske, ein irdenes Töpfchen an einem farbigen Bande, einen Stab und einen Hut in der Hand. Sie treten mit demütiger Gebärde unter die Fenster und vor jeden hin und empfangen statt Almosen Zuckerwerk, Nüsse und was man ihnen sonst Artiges geben mag.

Andere machen sich es noch bequemer, hüllen sich in Pelze oder erscheinen in einer artigen Haustracht nur mit Gesichtsmasken. Sie gehen meistenteils ohne Männer und führen als Off- und Defensivwaffe ein Besenchen aus der Blüte eines Rohrs gebunden, womit sie teils die Überlästigen abwehren, teils auch, mutwillig genug, Bekannten und Unbekannten, die ihnen ohne Masken entgegen kommen, im Gesicht herumfahren.

Wenn einer, auf den sie es gemünzt haben, zwischen vier oder fünf solcher Mädchen hineinkommt, weiß er sich nicht zu retten. Das Gedränge hindert ihn zu fliehen, und wo er sich hinwendet, fühlt er die Besenchen unter der Nase. Sich ernstlich gegen diese oder andere Neckereien zu wehren, würde sehr gefährlich sein, weil die Masken unverletzlich sind, und jede Wache ihnen beizustehen beordert ist.

Ebenso müssen die gewöhnlichen Kleidungen aller Stände als Masken dienen. Stallknechte mit ihren großen Bürsten kommen, einem jeden, wenn es ihnen beliebt, den Rücken auszukehren. Vetturine bieten ihre Dienste mit ihrer gewöhnlichen Zudringlichkeit an. Zierlicher sind die Masken der Landmädchen, Fischer, Neapolitaner Schiffer, Neapolitanischer Sbirren, Griechen.

Manchmal wird eine Maske vom Theater nachgeahmt. Einige machen sichs sehr bequem, indem sie sich in Teppiche oder Leintücher hüllen, die sie über dem Kopfe zusammenbinden.

Die weiße Gestalt pflegt gewöhnlich andern in den Weg zu treten und vor ihnen zu hüpfen, und glaubt auf diese Weise ein Gespenst vorzustellen. Einige zeichnen sich durch sonderbare Zusammensetzungen aus, und der Tabbarro wird immer für die edelste Maske gehalten, weil sie sich gar nicht auszeichnet.

Witzige und satyrische Masken sind sehr selten, weil diese schon Endzweck haben und bemerkt sein wollen. Doch sah man einen Pulcinell als Hahnrei. Die Hörner waren beweglich, er konnte sie wie eine Schnecke heraus- und hineinziehen. Wenn er unter ein Fenster vor neu Verheiratete trat und Ein Horn nur wenig sehen ließ, oder vor einem andern beide Hörner recht lang streckte und die an den obern Spitzen befestigten Schellen recht wacker klingelten, entstand auf Augenblicke eine heitere Aufmerksamkeit des Publikums und manchmal ein großes Gelächter.

Ein Zauberer mischt sich unter die Menge, läßt das Volk ein Buch mit Zahlen sehn und erinnert es an seine Leidenschaft zum Lottospiel.

Mit zwei Gesichtern steckt einer im Gedränge, man weiß nicht, welches sein Vorderteil, welches sein Hinterteil ist, ob er kommt, ob er geht.

Der Fremde muß sich auch gefallen lassen, in diesen Tagen verspottet zu werden. Die langen Kleider der Nordländer, die großen Knöpfe, die wunderlichen runden Hüte fallen den Römern auf, und so wird ihnen der Fremde eine Maske.

Weil die fremden Maler, besonders die, welche Landschaften und Gebäude studieren, in Rom überall öffentlich sitzen und zeichnen, so werden sie auch unter der Carnevalsmenge emsig vorgestellt und zeigen sich mit großen Portefeuillen, langen Sürtouts und colossalischen Reißfedern sehr geschäftig.

Die deutschen Bäckerknechte zeichnen sich in Rom gar oft betrunken aus, und sie werden auch mit einer Flasche Wein in ihrer eigentlichen oder auch etwas verzierten Tracht taumelnd vorgestellt.

Wir erinnern uns einer einzigen anzüglichen Maske. Es sollte ein Obelisk vor der Kirche Trinità del Monti aufgerichtet werden. Das Publikum war nicht sehr damit zufrieden, teils weil der Platz eng ist, teils weil man dem kleinen Obelisk, um ihn in eine gewisse Höhe zu bringen, ein sehr hohes Piedestal unterbauen mußte. Es nahm daher einer den Anlaß, ein großes weißes Piedestal als Mütze zu tragen, auf welchem oben ein ganz kleiner rötlicher Obelisk befestigt war. An dem Piedestal standen große Buchstaben, deren Sinn vielleicht nur wenige errieten.

KUTSCHEN

Indessen die Masken sich vermehren, fahren die Kutschen nach und nach in den Corso hinein, in derselben Ordnung, wie wir sie oben beschrieben haben, als von der sonn- und festtägigen Spazierfahrt die Rede war, nur mit dem Unterschied, daß gegenwärtig die Fuhrwerke, welche vom venezianischen Palast an der linken Seite herunterfahren, da wo die Straße des Corso aufhört, wenden und sogleich an der andern Seite wieder herauffahren.

Wir haben schon oben angezeigt, daß die Straße, wenn man die Erhöhungen für die Fußgänger abrechnet, an den meisten Orten wenig über drei Wagenbreiten hat.

Die Seitenerhöhungen sind alle mit Gerüsten versperrt, mit Stühlen besetzt, und viele Zuschauer haben schon ihre Plätze eingenommen. An Gerüsten und Stühlen geht ganz nahe eine Wagenreihe hinunter und an der andern Seite hinauf. Die Fußgänger sind in eine Breite von höchstens acht Fuß zwischen den beiden Reihen eingeschlossen; jeder drängt sich hin- und herwärts, so gut er kann, und von allen Fenstern und Balkonen sieht wieder eine gedrängte Menge auf das Gedränge herunter. In den ersten Tagen sieht man meist nur die gewöhnlichen Equipagen; denn jeder verspart auf die folgenden, was er Zierliches oder Prächtiges allenfalls aufführen will. Gegen Ende des Karnevals kommen mehr offene Wagen zum Vorschein, deren einige sechs Sitze haben: zwei Damen sitzen erhöht gegen einander über, so daß man ihre ganze Gestalt sehen kann, vier Herren nehmen die vier übrigen Sitze der Winkel ein, Kutscher und Bediente sind maskiert, die Pferde mit Flor und Blumen geputzt.

Oft steht ein schöner, weißer, mit rosenfarbnen Bändern gezierter Pudel dem Kutscher zwischen den Füßen, an dem Geschirre klingen Schellen, und die Aufmerksamkeit des Publikums wird einige Augenblicke auf diesen Aufzug geheftet.

Man kann leicht denken, daß nur schöne Frauen sich so vor dem ganzen Volke zu erhöhen wagen, und daß nur die Schönste ohne Gesichtsmaske sich sehen läßt. Wo sich denn aber auch der Wagen nähert, der gewöhnlich langsam fahren muß, sind alle Augen darauf gerichtet, und sie hat die Freude von manchen Seiten zu hören: O quanto é bella!

Ehemals sollen diese Prachtwagen weit häufiger und kostbarer, auch durch mythologische und allegorische Vorstellungen interessanter gewesen sein; neuerdings aber scheinen die Vornehmern, es sei nun aus welchem Grunde es wolle, verloren in dem Ganzen, das Vergnügen, das sie noch bei dieser Feierlichkeit finden, mehr genießen, als sich vor andern auszeichnen zu wollen.

Je weiter das Carneval vorrückt, desto lustiger sehen die Equipagen aus. Selbst ernsthafte Personen, welche unmaskiert in den Wagen sitzen, erlauben ihren Kutschern und Bedienten sich zu maskieren. Die Kutscher wählen meistenteils die Frauentracht, und in den letzten Tagen scheinen nur Weiber die Pferde zu regieren. Sie sind oft anständig, ja reizend gekleidet; dagegen macht denn auch ein breiter häßlicher Kerl, in völlig neumodischem Putz, mit hoher Frisur und Federn, eine große Karikatur; und wie jene Schönheiten ihr Lob zu hören hatten, so muß er sich gefallen lassen, daß ihm einer unter die Nase tritt und ihm zuruft: O fratello mio, che brutta puttana sei!

Gewöhnlich erzeigt der Kutscher einer oder einem Paar seiner Freundinnen den Dienst, wenn er sie im Gedränge antrifft, sie auf den Bock zu heben. Diese sitzen denn gewöhnlich in Mannstracht an seiner Seite, und oft gaukeln dann die niedlichen Pulcinellbeinchen mit kleinen Füßchen und hohen Absätzen den Vorübergehenden um die Köpfe. Ebenso machen es die Bedienten und nehmen ihre Freunde und Freundinnen hinten auf den Wagen, und es fehlt nichts, als daß sie sich noch, wie auf die englischen Landkutschen, oben auf den Kasten setzten. Die Herrschaften selbst scheinen es gerne zu sehen, wenn ihre Wagen recht bepackt sind; alles ist in diesen Tagen vergönnt und schicklich.

GEDRÄNGE

Man werfe nun einen Blick über die lange und schmale Straße, wo von allen Balkonen und aus allen Fenstern, über lang herabhängende bunte Teppiche, gedrängte Zuschauer auf die mit Zuschauern angefüllten Gerüste, auf die langen Reihen besetzter Stühle an beiden Seiten der Straße herunterschauen. Zwei Reihen Kutschen bewegen sich langsam in dem mittlern Raum, und der Platz, den allenfalls eine dritte Kutsche einnehmen könnte, ist ganz mit Menschen ausgefüllt, welche nicht hin und wider gehen, sondern sich hin und wieder schieben. Da die Kutschen, so lang als es nur möglich ist, sich immer ein wenig voneinander abhalten, um nicht bei jeder Stockung gleich aufeinander zu fahren, so wagen sich viele der Fußgänger, um nur einigermaßen Luft zu schöpfen, aus dem Gedränge der Mitte zwischen die Räder des vorausfahrenden und die Deichsel und Pferde des nachfahrenden Wagens, und je größer die Gefahr und Beschwerlichkeit der Fußgänger wird, desto mehr scheint ihre Laune und Kühnheit zu steigen.

Da die meisten Fußgänger, welche zwischen den beiden Kutschenreihen sich bewegen, um ihre Glieder und Kleidungen zu schonen, die Räder und Achsen sorgfältig vermeiden, so lassen sie gewöhnlich mehr Platz zwischen sich und den Wagen, als nötig ist; wer nun mit der langsamen Masse sich fortzubewegen nicht länger ausstehen mag und Mut hat, zwischen den Rädern und Fußgängern, zwischen der Gefahr und dem, der sich davor fürchtet, durchzuschlüpfen, der kann in kurzer Zeit einen großen Weg zurücklegen, bis er sich wieder durch ein ander Hindernis aufgehalten sieht.

Schon gegenwärtig scheint unsere Erzählung außer den Grenzen des Glaubwürdigen zu schreiten, und wir würden kaum wagen fortzufahren, wenn nicht so viele, die dem Römischen Carneval beigewohnt, bezeugen könnten, daß wir uns genau an der Wahrheit gehalten, und wenn es nicht ein Fest wäre, das sich jährlich wiederholt und das von manchem mit diesem Buche in der Hand künftig betrachtet werden wird.

Denn was werden unsere Leser sagen, wenn wir ihnen erklären, alles bisher Erzählte sei nur gleichsam der erste Grad des Gedränges, des Getümmels, des Lärmens und der Ausgelassenheit.

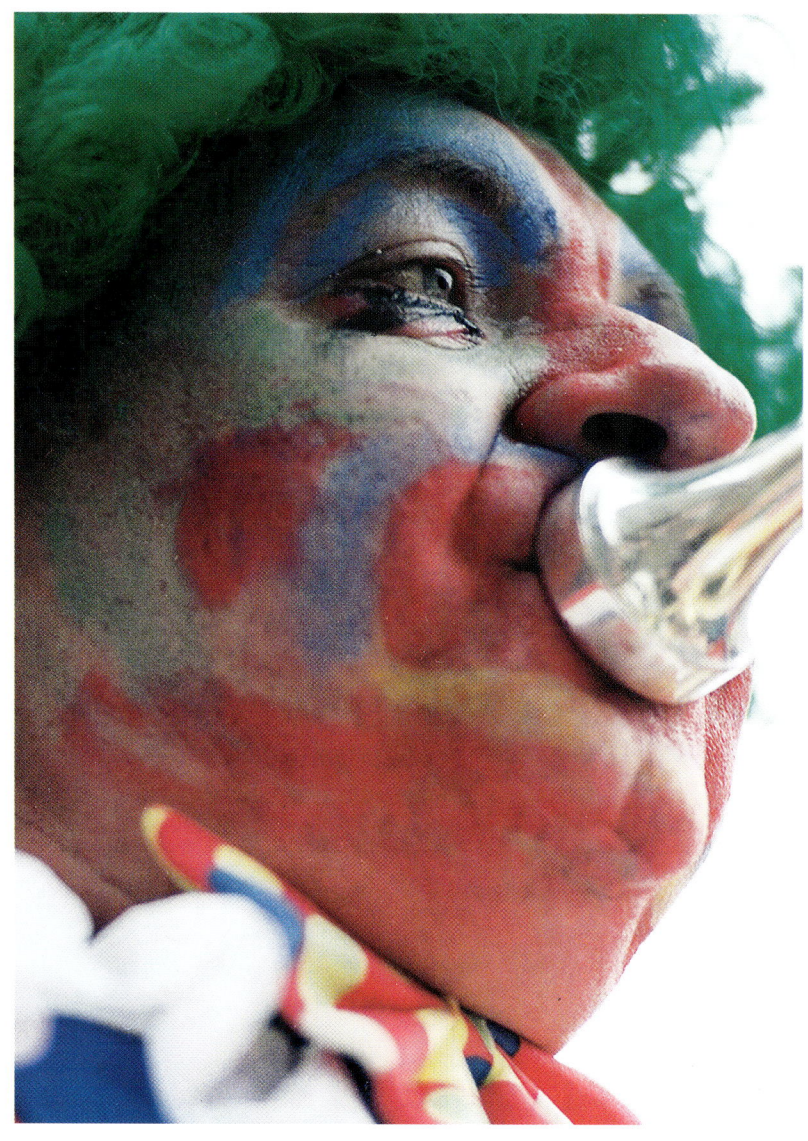

Goethe "... *Mutwillige Knaben blasen indes in große gewundne Muscheln und beleidigen das Ohr mit unerträglichen Tönen...*"

Goethe
"... bunte Charakter-masken mischen sich drunter..."

ZUG DES GOUVERNEURS UND SENATORS

Indem die Kutschen sachte vorwärts rücken und, wenn es eine Stockung gibt, stille halten, werden die Fußgänger auf mancherlei Weise geplagt. Einzeln reitet die Garde des Papstes durch das Gedränge hin und wider, um die zufälligen Unordnungen und Stockungen der Wagen ins Geleis zu bringen, und indem einer den Kutschpferden ausweicht, fühlt er, ehe er sichs versieht, den Kopf eines Reitpferdes im Nacken; allein es folgt eine größere Unbequemlichkeit.

Der Gouverneur fährt in einem großen Staatswagen mit einem Gefolge von mehreren Kutschen durch die Mitte zwischen den beiden Reihen der übrigen Wagen durch. Die Garde des Papstes und die vorausgehenden Bedienten warnen und machen Platz, und dieser Zug nimmt für den Augenblick die ganze Breite ein, die kurz vorher den Fußgängern noch übrig blieb. Sie drängen sich, so gut sie können, zwischen die übrigen Wagen hinein und auf eine oder die andere Weise beiseite. Und wie das Wasser, wenn ein Schiff durchfährt, sich nur einen Augenblick trennt und hinter dem Steuerruder gleich wieder zusammenstürzt, so strömt auch die Masse der Masken und der übrigen Fußgänger hinter dem Zuge gleich wieder in Eins zusammen. Nicht lange, so stört eine neue Bewegung die gedrängte Gesellschaft.

Der Senator rückt mit einem ähnlichen Zuge heran; sein großer Staatswagen und die Wagen seines Gefolgs schwimmen wie auf den Köpfen der erdrückten Menge, und wenn jeder Einheimische und Fremde von der Liebenswürdigkeit des gegenwärtigen Senators, des Prinzen Rezzonico, eingenommen und bezaubert wird, so ist vielleicht dieses der einzige Fall, wo eine Masse von Menschen sich glücklich preist, wenn er sich entfernt.

Wenn diese beiden Züge der ersten Gerichts- und Polizeiherren von Rom, nur um das Carneval feierlich zu eröffnen, den ersten Tag durch den Corso gedrungen waren, fuhr der Herzog von Albanien täglich, zu großer Unbequemlichkeit der Menge, gleichfalls diesen Weg und

erinnerte zur Zeit der allgemeinen Mummerei die alte Beherrscherin der Könige an das Fastnachtsspiel seiner königlichen Prätensionen.
Die Gesandten, welche das gleiche Recht haben, bedienen sich dessen sparsam und mit einer humanen Diskretion.

SCHÖNE WELT AM PALAST RUSPOLI

Aber nicht allein durch diese Züge wird die Zirkulation des Corso unterbrochen und gehindert; am Palast Ruspoli und in dessen Nähe, wo die Straße um nichts breiter wird, sind die Pflasterwege an beiden Seiten mehr erhöht. Dort nimmt die schöne Welt ihren Platz, und alle Stühle sind bald besetzt und besprochen. Die schönsten Frauenzimmer der Mittelklasse, reizend maskiert, umgeben von ihren Freunden, zeigen sich dort dem vorübergehenden neugierigen Auge. Jeder, der in die Gegend kommt, verweilt, um die angenehmen Reihen zu durchschauen; jeder ist neugierig, unter den vielen männlichen Gestalten, die dort zu sitzen scheinen, die weiblichen herauszusuchen und vielleicht in einem niedlichen Offizier den Gegenstand seiner Sehnsucht zu entdecken. Hier an diesem Flecke stockt die Bewegung zuerst, denn die Kutschen verweilen so lange sie können in dieser Gegend, und wenn man zuletzt halten soll, will man doch lieber in dieser angenehmen Gesellschaft bleiben.

CONFETTI

Wenn unsere Beschreibung bisher nur den Begriff von einem engen, ja beinahe ängstlichen Zustande gegeben hat, so wird sie einen noch sonderbarern Eindruck machen, wenn wir ferner erzählen, wie diese gedrängte Lustbarkeit durch eine Art von kleinem, meist scherzhaften, oft aber nur allzu ernstlichen Kriege in Bewegung gesetzt werde.
Wahrscheinlich hat einmal zufällig eine Schöne ihren vorbeigehenden guten Freund, um sich von ihm unter der Menge und Maske bemerken zu machen, mit verzuckerten Körnern angeworfen, da denn nichts natür-

Goethe *"... Der eine trägt eine Perücke ..."*

Goethe
"... jedermann kommt, um zu sehen oder gesehen zu werden..."

licher ist, als daß der Getroffene sich umkehre und die lose Freundin entdecke; dieses ist nun ein allgemeiner Gebrauch, und man sieht oft nach einem Wurfe ein Paar freundliche Gesichter sich einander begegnen. Allein man ist teils zu haushälterisch, um wirkliches Zuckerwerk zu verschwenden, teils hat der Mißbrauch desselben einen größern und wohlfeilern Vorrat nötig gemacht.

Es ist nun ein eignes Gewerbe, Gipszeltlein, durch den Trichter gemacht, die den Schein von Drageen haben, in großen Körben zum Verkauf mitten durch die Menge zu tragen.

Niemand ist vor einem Angriff sicher; jedermann ist im Verteidigungsstande, und so entsteht aus Mutwillen oder Notwendigkeit bald hier bald da ein Zweikampf, ein Scharmützel oder eine Schlacht. Fußgänger, Kutschenfahrer, Zuschauer aus Fenstern, von Gerüsten oder Stühlen greifen einander wechselweise an und verteidigen sich wechselsweise.

Die Damen haben vergoldete und versilberte Körbchen voll dieser Körner, und die Begleiter wissen ihre Schönen sehr wacker zu verteidigen. Mit niedergelassenen Kutschenfenstern erwartet man den Angriff, man scherzt mit seinen Freunden und wehrt sich hartnäckig gegen Unbekannte.

Nirgends aber wird dieser Streit ernstlicher und allgemeiner als in der Gegend des Palasts Ruspoli. Alle Masken, die sich dort niedergelassen haben, sind mit Körbchen, Säckchen, zusammengebundnen Schnupftüchern versehen. Sie greifen öfter an, als sie angegriffen werden; keine Kutsche fährt ungestraft vorbei, ohne daß ihr nicht wenigstens einige Masken etwas anhängen. Kein Fußgänger ist vor ihnen sicher; besonders wenn sich ein Abbate im schwarzen Rocke sehen läßt, werfen alle von allen Seiten auf ihn, und weil Gips und Kreide, wohin sie treffen, abfärben, so sieht ein solcher bald über und über weiß und grau punktiert aus. Oft aber werden die Händel sehr ernsthaft und allgemein, und man sieht mit Erstaunen, wie Eifersucht und persönlicher Haß sich freien Lauf lassen.

Unbemerkt schleicht sich eine vermummte Figur heran und trifft mit einer Hand voll Confetti eine der ersten Schönheiten so heftig und so gerade, daß die Gesichtsmaske widerschallt, und ihr schöner Hals verletzt wird. Ihre Begleiter zu beiden Seiten werden heftig aufgereizt, aus ihren Körbchen und Säckchen stürmen sie gewaltig auf den Angreifenden los; er ist aber so gut vermummt, zu stark geharnischt, als daß er ihre wiederholten Würfe empfinden sollte. Je sicherer er ist, desto heftiger setzt er seinen Angriff fort; die Verteidiger decken das Frauenzimmer mit den Tabbarros zu, und weil der Angreifende in der Heftigkeit des Streits auch die Nachbarn verletzt und überhaupt durch seine Grobheit und Ungestüm jedermann beleidigt, so nehmen die Umhersitzenden Teil an diesem Streit, sparen ihre Gipskörner nicht und haben meistenteils auf solche Fälle eine etwas größere Munition, ungefähr wie verzuckerte Mandeln, in Reserve, wodurch der Angreifende zuletzt so zugedeckt und von allen Seiten her überfallen wird, daß ihm nichts als die Retraite übrig bleibt, besonders wenn er sich verschossen haben sollte.
Gewöhnlich hat einer, der auf ein solches Abenteuer ausgeht, einen Sekundanten bei sich, der ihm Munition zusteckt, inzwischen daß die Männer, welche mit solchen Gipsconfetti handeln, während des Streits mit ihren Körben geschäftig sind und einem jeden, so viel Pfund er verlangt, eilig zuwiegen.
Wir haben selbst einen solchen Streit in der Nähe gesehn, wo zuletzt die Streitenden, aus Mangel an Munition, sich die vergoldeten Körbchen an die Köpfe warfen und sich durch die Warnungen der Wachen, welche selbst heftig mit getroffen wurden, nicht abhalten ließen.
Gewiß würde manch solcher Handel mit Messerstichen sich endigen, wenn nicht die an mehreren Ecken aufgezogenen Corden, die bekannten Strafwerkzeuge italienischer Policey, jeden mitten in der Lustbarkeit erinnerten, daß es in diesem Augenblicke sehr gefährlich sei, sich gefährlicher Waffen zu bedienen.
Unzählig sind diese Händel und die meisten mehr lustig als ernsthaft.

Goethe *"...womit sie
...Bekannten und Unbekannten,
die ihnen ohne Masken
entgegenkommen, im Gesicht
herumfahren..."*

Goethe
"... Man sieht bald, daß bei der Enge des Raums, bei der Ähnlichkeit so vieler Masken-kleidungen wenige die Absicht haben können,... bemerkt zu werden..."

So kommt z.E. ein offner Wagen voll Pulcinellen gegen Ruspoli heran. Er nimmt sich vor, indem er bei den Zuschauern vorbeifährt, alle nacheinander zu treffen; allein unglücklicherweise ist das Gedränge zu groß, und er bleibt in der Mitte stecken. Die ganze Gesellschaft wird auf einmal Eines Sinnes, und von allen Seiten hagelt es auf den Wagen los. Die Pulcinelle verschießen ihre Munition und bleiben eine gute Weile dem kreuzenden Feuer von allen Seiten ausgesetzt, so daß der Wagen am Ende ganz wie mit Schnee und Schloßen bedeckt, unter einem allgemeinen Gelächter und von Tönen des Mißbilligens begleitet, sich langsam entfernt.

DIALOG AM OBERN ENDE DES CORSO

Indessen in dem Mittelpunkte des Corso diese lebhaften und heftigen Spiele einen großen Teil der schönen Welt beschäftigen, findet ein anderer Teil des Publikums an dem obern Ende des Corso eine andere Art von Unterhaltung.

Unweit der französischen Akademie tritt in spanischer Tracht, mit Federhut, Degen und großen Handschuhen, unversehens mitten aus den von einem Gerüste zu schauenden Masken der sogenannte Capitano des italienischen Theaters auf und fängt an, seine großen Taten zu Land und Wasser im emphatischen Ton zu erzählen. Es währt nicht lange, so erhebt sich gegen ihm über ein Pulcinell, bringt Zweifel und Einwendungen vor, und indem er ihm alles zuzugeben scheint, macht er die Großsprecherei jenes Helden durch Wortspiele und eingeschobene Plattheiten lächerlich.

Auch hier bleibt jeder Vorbeigehende stehen und hört dem lebhaften Wortwechsel zu.

PULCINELLEN-KÖNIG

Ein neuer Aufzug vermehrt oft das Gedränge. Ein Dutzend Pulcinelle tun sich zusammen, erwählen einen König, krönen ihn, geben ihm ein Szepter in die Hand, begleiten ihn mit Musik und führen ihn unter lautem Geschrei auf einem verzierten Wägelchen den Corso herauf. Alle Pulcinelle springen herbei, wie der Zug vorwärts geht, vermehren das Gefolge und machen sich mit Geschrei und Schwenken der Hüte Platz. Alsdann bemerkt man erst, wie jeder diese allgemeine Maske zu vermannigfaltigen sucht.

Der eine trägt eine Perücke, der andere eine Weiberhaube zu seinem schwarzen Gesicht, der dritte hat statt der Mütze einen Käfig auf dem Kopfe, in welchem ein Paar Vögel, als Abbate und Dame gekleidet, auf den Stängelchen hin und wider hüpfen.

NEBENSTRASSEN

Das entsetzliche Gedränge, das wir unsern Lesern so viel als möglich zu vergegenwärtigen gesucht haben, zwingt natürlicherweise eine Menge Masken aus dem Corso hinaus in die benachbarten Straßen. Da gehen verliebte Paare ruhiger und vertrauter zusammen, da finden lustige Gesellen Platz, allerlei tolle Schauspiele vorzustellen.

Eine Gesellschaft Männer in der Sonntagtracht des gemeinen Volkes, in kurzen Wämsern mit goldbesetzten Westen darunter, die Haare in ein lang herunterhängendes Netz gebunden, gehen mit jungen Leuten, die sich als Weiber verkleidet haben, hin und wider spazieren. Eine von den Frauen scheint hochschwanger zu sein, sie gehen friedlich auf und nieder. Auf einmal entzweien sich die Männer, es entsteht ein lebhafter Wortwechsel, die Frauen mischen sich hinein, der Handel wird immer ärger, endlich ziehen die Streitenden große Messer von versilberter Pappe und fallen einander an. Die Weiber halten sie mit gräßlichem Geschrei auseinander, man zieht den einen da, den andern dorthin, die

Umstehenden nehmen teil, als wenn es Ernst wäre, man sucht jede Partei zu besänftigen.

Indessen befindet sich die hochschwangere Frau durch den Schrecken übel; es wird ein Stuhl herbeigebracht, die übrigen Weiber stehen ihr bei, sie gebärdet sich jämmerlich, und ehe man sichs versieht, bringt sie zu großer Erlustigung der Umstehenden irgendeine unförmliche Gestalt zur Welt. Das Stück ist aus, und die Truppe zieht weiter, um dasselbe oder ein ähnliches Stück an einem andern Platze vorzustellen.

So spielt der Römer, dem die Mordgeschichten immer vor der Seele schweben, gern bei jedem Anlaß mit den Ideen von Amazzieren. Sogar die Kinder haben ein Spiel, das sie Chiesa nennen, welches mit unserm Frischauf in allen Ecken übereinkommt, eigentlich aber einen Mörder vorstellt, der sich auf die Stufe einer Kirche geflüchtet hat; die Übrigen stellen die Sbirren vor und suchen ihn auf allerlei Weise zu fangen, ohne jedoch den Schutzort betreten zu dürfen.

So geht es denn in den Seitenstraßen, besonders der Strada Babuina und auf dem Spanischen Platze, ganz lustig zu.

Auch kommen die Quacqueri zu Scharen, um ihre Galanterien freier anzubringen.

Sie haben ein Manövre, welches jeden lachen macht. Sie kommen zu zwölf Mann hoch, ganz strack auf den Zehen, mit kleinen und schnellen Schritten anmarschiert, formieren eine sehr gerade Fronte; auf einmal, wenn sie auf einen Platz kommen, bilden sie, mit rechts oder links um, eine Kolonne und trippeln nun hintereinander weg. Auf einmal wird, mit rechts um, die Fronte wiederhergestellt, und so gehts eine Straße hinein; dann ehe man sichs versieht, wieder links um: die Kolonne ist wie an einem Spieß zu einer Haustüre hineingeschoben, und die Toren sind verschwunden.

ABEND

Nun geht es nach dem Abend zu, und alles drängt sich immer mehr in den Corso hinein. Die Bewegung der Kutschen stockt schon lange, ja es kann geschehen, daß zwei Stunden vor Nacht schon kein Wagen mehr von der Stelle kann.

Die Garde des Papstes und die Wachen zu Fuß sind nun beschäftigt, alle Wagen, so weit es möglich, von der Mitte ab und in eine ganz gerade Reihe zu bringen, und es gibt bei der Menge hier mancherlei Unordnung und Verdruß. Da wird gehuft, geschoben, gehoben, und indem einer huft, müssen alle hinter ihm auch zurückweichen, bis einer zuletzt so in die Klemme kommt, daß er mit seinen Pferden in die Mitte hineinlenken muß. Alsdann geht das Schelten der Garde, das Fluchen und Drohen der Wache an.

Vergebens daß der unglückliche Kutscher die augenscheinliche Unmöglichkeit dartut; es wird auf ihn hineingescholten und gedroht, und entweder es muß sich wieder fügen, oder wenn ein Nebengäßchen in der Nähe ist, muß er ohne Verschulden aus der Reihe hinaus. Gewöhnlich sind die Nebengäßchen auch mit haltenden Kutschen besetzt, die zu spät kamen und, weil der Umgang der Wagen schon ins Stocken geraten war, nicht mehr einrücken konnten.

VORBEREITUNG ZUM WETTRENNEN

Der Augenblick des Wettrennens der Pferde nähert sich nun immer mehr, und auf diesen Augenblick ist das Interesse so vieler tausend Menschen gespannt.

Die Verleiher der Stühle, die Unternehmer der Gerüste vermehren nun ihr anbietendes Geschrei: Luoghi! Luoghi avanti! Luoghi nobili! Luoghi, Padroni! Es ist darum zu tun, daß ihnen wenigstens in diesen letzten Augenblicken, auch gegen ein geringeres Geld, alle Plätze besetzt werden.

Goethe *"... alle Kinder sind auf der Straße ..."*

Goethe
"...der Freiheit dieser Tage auf das beste zu genießen..."

Und glücklich, daß hier und da noch Platz zu finden ist; denn der General reitet nunmehr mit einem Teil der Garde den Corso zwischen den beiden Reihen Kutschen herunter und verdrängt die Fußgänger von dem einzigen Raum, der ihnen noch übrig blieb. Jeder sucht alsdann noch einen Stuhl, einen Platz auf einem Gerüste, auf einer Kutsche, zwischen den Wagen oder bei Bekannten an einem Fenster zu finden, die denn nun alle von Zuschauern über und über strotzen.

Indessen ist der Platz vor dem Obelisk ganz vom Volke gereiniget worden und gewährt vielleicht einen der schönsten Anblicke, welche in der gegenwärtigen Welt gesehen werden können.

Die drei mit Teppichen behängten Fassaden der oben beschriebenen Gerüste schließen den Platz ein. Viele tausend Köpfe schauen übereinander hervor und geben das Bild eines alten Amphitheaters oder Zirkus. Über dem mittelsten Gerüste steigt die ganze Länge des Obelisken in die Luft; denn das Gerüste bedeckt nur sein Piedestal, und man bemerkt nun erst seine ungeheure Höhe, da er der Maßstab einer so großen Menschenmasse wird.

Der freie Platz läßt dem Auge eine schöne Ruhe, und man sieht die leeren Schranken mit dem vorgespannten Seile voller Erwartung.

Nun kommt der General den Corso herab, zum Zeichen daß er gereiniget ist, und hinter ihm erlaubt die Wache niemanden, aus der Reihe der Kutschen hervorzutreten. Er nimmt auf einer der Logen Platz.

ABRENNEN

Nun werden die Pferde nach geloster Ordnung von geputzten Stallknechten in die Schranken hinter das Seil geführt. Sie haben kein Zeug noch sonst eine Bedeckung auf dem Leibe. Man heftet ihnen hier und da Stachelkugeln mit Schnüren an den Leib und bedeckt die Stelle, wo sie spornen sollen, bis zum Augenblicke mit Leder, auch klebt man ihnen große Blätter Rauschgold an. Sie sind meist schon wild und ungeduldig, wenn sie in die Schranken gebracht werden, und die Reitknechte

brauchen alle Gewalt und Geschicklichkeit, um sie zurückzuhalten.
Die Begierde, den Lauf anzufangen, macht sie unbändig, die Gegenwart so vieler Menschen macht sie scheu. Sie hauen oft in die benachbarte Schranke hinüber, oft über das Seil, und diese Bewegung und Unordnung vermehrt jeden Augenblick das Interesse der Erwartung.
Die Stallknechte sind im höchsten Grad gespannt und aufmerksam, weil in dem Augenblicke des Abrennens die Geschicklichkeit des Loslassenden, sowie zufällige Umstände, zum Vorteile des einen oder des andern Pferdes entscheiden können.
Endlich fällt das Seil, und die Pferde rennen los.
Auf dem freien Platze suchen sie noch einander den Vorsprung abzugewinnen, aber wenn sie einmal in den engen Raum zwischen die beiden Reihen Kutschen hineinkommen, wird meist aller Wetteifer vergebens.
Ein paar sind gewöhnlich voraus, die alle Kräfte anstrengen. Ungeachtet der gestreuten Puzzolane gibt das Pflaster Feuer, die Mähnen fliegen, das Rauschgold rauscht, und kaum daß man sie erblickt, sind sie vorbei. Die übrige Herde hindert sich untereinander, indem sie sich drängt und treibt; spät kommt manchmal noch eins nachgesprengt, und die zerrissenen Stücke Rauschgold flattern einzeln auf der verlassenen Spur. Bald sind die Pferde allem Nachschauen verschwunden, das Volk drängt zu und füllt die Laufbahn wieder aus.
Schon warten andere Stallknechte am venezianischen Palaste auf die Ankunft der Pferde. Man weiß sie in einem eingeschlossenen Bezirk auf gute Art zu fangen und festzuhalten. Dem Sieger wird der Preis zuerkannt.
So endigt sich diese Feierlichkeit mit einem gewaltsamen, blitzschnellen, augenblicklichen Eindruck, auf den so viele tausend Menschen eine ganze Weile gespannt waren, und wenige können sich Rechenschaft geben, warum sie den Moment erwarteten, und warum sie sich daran ergötzten.
Nach der Folge unserer Beschreibung sieht man leicht ein, daß dieses Spiel den Tieren und Menschen gefährlich werden könne. Wir wollen

nur einige Fälle anführen: Bei dem engen Raume zwischen den Wagen darf nur ein Hinterrad ein wenig herauswärts stehen, und zufälligerweise hinter diesem Wagen ein etwas breiterer Raum sein. Ein Pferd, das mit den andern gedrängt herbeieilt, sucht den erweiterten Raum zu nutzen, springt vor und trifft gerade auf das herausstehende Rad.

Wir haben selbst einen Fall gesehen, wo ein Pferd von einem solchen Choc niederstürzte, drei der folgenden über das erste hinausfielen, sich überschlugen, und die letzten glücklich über die gefallnen weg sprangen und ihre Reise fortsetzten.

Oft bleibt ein solches Pferd auf der Stell tot, und mehrmals haben Zuschauer, unter solchen Umständen, ihr Leben eingebüßt. Ebenso kann ein großes Unheil entstehen, wenn die Pferde umkehren.

Es ist vorgekommen, daß boshafte neidische Menschen einem Pferde, das einen großen Vorsprung hatte, mit dem Mantel in die Augen schlugen und es dadurch umzukehren und an die Seite zu rennen zwangen. Noch schlimmer ist es, wenn die Pferde auf dem venezianischen Platze nicht glücklich aufgefangen werden; sie kehren alsdann unaufhaltsam zurück, und weil die Laufbahn vom Volke schon wieder ausgefüllt ist, richten sie manches Unheil an, das man entweder nicht erfährt oder nicht achtet.

AUFGEHOBNE ORDNUNG

Gewöhnlich laufen die Pferde mit einbrechender Nacht erst ab. Sobald sie oben bei dem venezianischen Palast angelangt sind, werden kleine Mörser gelöst; dieses Zeichen wird in der Mitte des Corso wiederholt und in der Gegend des Obelisken das letztemal gegeben.

In diesem Augenblicke verläßt die Wache ihren Posten, die Ordnung der Kutschenreihen wird nicht länger gehalten, und gewiß ist diese selbst für den Zuschauer, der ruhig an seinem Fenster steht, ein ängstlicher und verdrießlicher Zeitpunkt, und es ist wert, daß man einige Bemerkungen darüber mache.

Wir haben schon oben gesehen, daß die Episode der einbrechenden Nacht, welche so vieles in Italien entscheidet, auch die gewöhnlichen sonn- und festtägigen Spazierfahrten auflöset. Dort sind keine Wachen und keine Garden, es ist ein altes Herkommen, eine allgemeine Konvention, daß man in gebührender Ordnung auf- und abfahre; aber sobald Ave Maria geläutet wird, läßt sich niemand sein Recht nehmen, umzukehren, wann und wie er will. Da nun die Umfahrt im Carneval in derselben Straße und nach ähnlichen Gesetzen geschieht, obgleich hier die Menge und andere Umstände einen großen Unterschied machen, so will sich doch niemand sein Recht nehmen lassen, mit einbrechender Nacht aus der Ordnung zu lenken.

Wenn wir nun auf das ungeheure Gedränge in dem Corso zurückblicken, und die für einen Augenblick nur gereinigte Rennbahn gleich wieder mit Volk überschwemmt sehen, so scheinet uns Vernunft und Billigkeit das Gesetz einzugeben, daß eine jede Equipage nur suchen solle, in ihrer Ordnung das nächste ihr bequeme Gäßchen zu erreichen und nach Hause zu eilen.

Allein es lenken, gleich nach abgeschoßnen Signalen, einige Wagen in die Mitte hinein, hemmen und verwirren das Fußvolk, und weil in dem engen Mittelraume es einem einfällt hinunter-, dem andern, hinaufzufahren, so können beide nicht von der Stelle und hindern oft die Vernünftigern, die in der Reihe geblieben sind, auch vom Platz zu kommen.

Wenn nun gar ein zurückkehrendes Pferd auf einen solchen Knoten trifft, so vermehrt sich Gefahr, Unheil und Verdruß von allen Seiten.

NACHT

Und doch entwickelt sich diese Verwirrung, zwar später, aber meistens glücklich. Die Nacht ist eingetreten, und ein jedes wünscht sich zu einiger Ruhe Glück.

Goethe *"... Die weiße Gestalt pflegt gewöhnlich anderen in den Weg zu treten ... und glaubt auf diese Weise ein Gespenst vorzustellen ..."*

Goethe
"...allgemeine gute Laune im Gleichgewicht erhalten..."

THEATER

Alle Gesichtsmasken sind von dem Augenblick an abgelegt, und ein großer Teil des Publikums eilt nach dem Theater. Nur in den Logen sieht man allenfalls noch Tabbarros und Damen in Maskenkleidern; das ganze Parterre zeigt sich wieder in bürgerlicher Tracht.

Die Theater Aliberti und Argentina geben ernsthafte Opern mit eingeschobenen Balletten, Valle und Capranica, Komödien und Tragödien mit komischen Opern als Intermezzo; Pace ahmt ihnen, wiewohl unvollkommen nach, und so gibt es, bis zum Puppenspiel und zur Seiltänzerbude herunter, noch manche subordinierte Schauspiele.

Das große Theater, Tordenone, das einmal abbrannte, und da man es wieder aufgebauet hatte, gleich zusammenstürzte, unterhält nun leider das Volk nicht mehr mit seinen Haupt- und Staatsaktionen und andern wunderbaren Vorstellungen.

Die Leidenschaft der Römer für das Theater ist groß und war ehemals in der Carnevalszeit noch heftiger, weil sie in dieser einzigen Epoche befriedigt werden konnte. Gegenwärtig ist wenigstens Ein Schauspielhaus auch im Sommer und Herbst offen, und das Publikum kann seine Lust den größten Teil des Jahres durch einigermaßen befriedigen.

Es würde uns hier zu sehr von unserm Zwecke abführen, wenn wir uns in eine umständliche Beschreibung der Theater, und was die römischen allenfalls Besonderes haben möchten, hier einlassen wollten. Unsre Leser erinnern sich, daß an andern Orten von diesem Gegenstande gehandelt worden.

FESTINE

Gleichfalls werden wir von den sogenannten Festinen wenig zu erzählen haben; es sind dieses große maskierte Bälle, welche in dem schön erleuchteten Theater Aliberti einigemal gegeben werden.

Auch hier werden Tabbarros sowohl von den Herren als Damen für die anständigste Maske gehalten, und der ganze Saal ist mit schwarzen Figuren angefüllt; wenige bunte Charaktermasken mischen sich drunter. Desto größer ist die Neugierde, wenn sich einige edle Gestalten zeigen, die, wiewohl seltener, aus den verschiedenen Kunstepochen ihre Masken erwählen und verschiedene Statuen, welche sich in Rom befinden, meisterlich nachahmen.

So zeigen sich hier ägyptische Gottheiten, Priesterinnen, Bacchus und Ariadne, die tragische Muse, die Muse der Geschichte, eine Stadt, Vestalinnen, ein Consul, mehr oder weniger gut und nach dem Kostüme ausgeführt.

TANZ

Die Tänze bei diesen Festen werden gewöhnlich in langen Reihe, nach Art der englischen, getanzt, nur unterscheiden sie sich dadurch, daß sie in ihren wenigen Touren meistenteils etwas Charakteristisches pantomimisch ausdrücken. Zum Beispiel: Es entzweien und versöhnen sich zwei Liebende, sie scheiden und finden sich wieder.

Die Römer sind durch die pantomimischen Ballette an stark gezeichnete Gestikulation gewöhnt; sie lieben auch in ihren gesellschaftlichen Tänzen einen Ausdruck, der uns übertrieben und affektiert scheinen würde. Niemand wagt leicht zu tanzen, als wer es kunstmäßig gelernt hat, besonders wird der Menuet, ganz eigentlich als ein Kunstwerk betrachtet, und nur von wenigen Paaren gleichsam aufgeführt. Ein solches Paar wird dann von der übrigen Gesellschaft in einen Kreis eingeschlossen, bewundert und am Ende applaudiert.

MORGEN

Wenn die galante Welt sich auf diese Weise bis an den Morgen erlustiget, so ist man bei anbrechendem Tag schon wieder in dem Corso beschäftiget, denselben zu reinigen und in Ordnung zu bringen. Besonders sorgt man, daß die Puzzolane in der Mitte der Straße gleich und reinlich ausgebreitet werden.

Nicht lange, so bringen die Stallknechte das Rennpferd, das sich gestern am schlechtesten gehalten, vor den Obelisk. Man setzt einen kleinen Knaben darauf, und ein anderer Reiter, mit einer Peitsche, treibt es vor sich her, so daß es alle seine Kräfte anstrengt, um seine Bahn so geschwind als möglich zurückzulegen.

Ungefähr zwei Uhr Nachmittag, nach dem gegebenen Glockenzeichen, beginnt jeden Tag der schon beschriebene Zirkel des Festes. Die Spaziergänger finden sich ein, die Wache zieht auf, Balkone, Fenster, Gerüste werden mit Teppichen behängt, die Masken vermehren sich und treiben ihre Torheiten, die Kutschen fahren auf und nieder, und die Straße ist mehr oder weniger gedrängt, je nachdem die Witterung oder andere Umstände günstig oder ungünstig ihren Einfluß zeigen. Gegen das Ende des Carnevals vermehren sich, wie natürlich, die Zuschauer, die Masken, die Wagen, der Putz und der Lärm. Nichts aber reicht an das Gedränge, an die Ausschweifungen des letzten Tages und Abends.

LETZTER TAG

Meist halten die Kutschenreihen schon zwei Stunden vor Nacht stille, kein Wagen kann mehr von der Stelle, keiner aus den Seitengassen mehr herein rücken. Die Gerüste und Stühle sind früher besetzt, obgleich die Plätze teurer gehalten werden; jeder sucht aufs baldigste unterzukommen, und man erwartet das Ablaufen der Pferde mit mehrerer Sehnsucht als jemals.

Endlich rauscht auch dieser Augenblick vorbei, die Zeichen werden gegeben, daß das Fest geendigt sei; allein weder Wagen, noch Masken, noch Zuschauer weichen aus der Stelle.

Alles ist ruhig, alles still, indem die Dämmerung sachte zunimmt.

MOCCOLI

Kaum wird es in der engen und hohen Straße düster, so siehet man hie und da Lichter erscheinen, an den Fenstern, auf den Gerüsten sich bewegen und in kurzer Zeit die Zirkulation des Feuers dergestalt sich verbreiten, daß die ganze Straße von brennenden Wachskerzen erleuchtet ist.

Die Balkone sind mit durchscheinenden Papierlaternen verziert, jeder hält seine Kerze zum Fenster heraus, alle Gerüste sind erhellt, und es sieht sich gar artig in die Kutschen hinein, an deren Decken oft kleine kristalline Armleuchter die Gesellschaft erhellen; indessen in einem andern Wagen die Damen mit bunten Kerzen in den Händen zur Betrachtung ihrer Schönheit gleichsam einzuladen scheinen.

Die Bedienten bekleben den Rand des Kutschendeckels mit Kerzchen, offne Wagen mit bunten Papierlaternen zeigen sich, unter den Fußgängern erscheinen manche mit hohen Lichterpyramiden auf den Köpfen, andere haben ihr Licht auf zusammengebundene Rohre gesteckt und erreichen mit einer solchen Rute oft die Höhe von zwei, drei Stockwerken.

Nun wird es für einen jeden Pflicht, ein angezündetes Kerzchen in der Hand zu tragen, und die Favoritverwünschung der Römer sia amazzato hört man von allen Ecken und Enden wiederholen.

Sia amazzato chi non porta moccolo! Ermordet werde, der kein Lichtstümpfchen trägt! Ruft einer dem andern zu, indem er ihm das Licht auszublasen sucht.

Anzünden und ausblasen und ein unbändiges Geschrei: Sia amazzato, bringt nun bald Leben und Bewegung und wechselseitiges Interesse unter die ungeheure Menge.

Ohne Unterschied, ob man Bekannte oder Unbekannte vor sich habe, sucht man nur immer das nächste Licht auszublasen, oder das seinige wieder anzuzünden und bei dieser Gelegenheit das Licht des Anzündenden auszulöschen.

Und je stärker das Gebrüll sia amazzato von allen Enden widerhallt,

Goethe *"... unter den Fußgängern erscheinen manche mit hohen Lichterpyramiden auf den Köpfen ..."*

Goethe
"...auch diesen Freuden macht die herannahende Mitternachtstunde ein Ende..."

desto mehr verliert das Wort von seinem fürchterlichen Sinn, desto mehr vergißt man, daß man in Rom sei, wo diese Verwünschung, um einer Kleinigkeit willen, in kurzem an einem und dem andern erfüllt werden kann.

Die Bedeutung des Ausdrucks verliert sich nach und nach gänzlich. Und wie wir in andern Sprachen oft Flüche und unanständige Worte zum Zeichen der Bewunderung und Freude gebrauchen hören, so wird sia amazzato diesen Abend zum Losungswort, zum Freudengeschrei, zum Refrain aller Scherze, Neckereien und Komplimente.

So hören wir spotten: Sia amazzato il Signore Abbate che fa l'amore. Oder einen vorbeigehenden guten Freund anrufen: Sia amazzato il Signore Filippo. Oder Schmeichelei und Kompliment damit verbinden: Sia amazzata la bella Principessa! Sia amazzata la Signora Angelica, la prima pittrice del secolo.

Alle diese Phrasen werden heftig und schnell mit einem langen haltenden Ton auf der vorletzten oder drittletzten Silbe ausgerufen. Unter diesem unaufhörlichen Geschrei geht das Ausblasen und Anzünden der Kerzen immer fort. Man begegne jemanden im Haus, auf der Treppe, es sei eine Gesellschaft im Zimmer beisammen, aus einem Fenster ans benachbarte, überall sucht man über den andern zu gewinnen und ihm das Licht auszulöschen.

Alle Stände und Alter toben gegeneinander, man steigt auf die Tritte der Kutschen, kein Hängeleuchter, kaum die Laternen sind sicher, der Knabe löscht dem Vater das Licht aus und hört nicht auf zu schreien: Sia amazzato il Signore Padre! Vergebens, daß ihm der Alte diese Unanständigkeit verweist: der Knabe behauptet die Freiheit dieses Abends und verwünscht nur seinen Vater desto ärger. Wie nun an beiden Enden des Corso sich bald das Getümmel verliert, desto unbändiger häuft sichs nach der Mitte zu, und dort entsteht ein Gedränge, das alle Begriffe übersteigt, ja das selbst die lebhafteste Erinnerungskraft sich nicht wieder vergegenwärtigen kann.

Niemand vermag sich mehr von dem Platze, wo er steht oder sitzt, zu rühren; die Wärme so vieler Menschen, so vieler Lichter, der Dampf so vieler immer wieder ausgeblasenen Kerzen, das Geschrei so vieler Menschen, die nur um desto heftiger brüllen, je weniger sie ein Glied rühren können, machen zuletzt selbst den gesundesten Sinn schwindeln; es scheint unmöglich, daß nicht manches Unglück geschehen, daß die Kutschpferde nicht wild, nicht mancher gequetscht, gedrückt oder sonst beschädigt werden sollte.

Und doch, weil sich endlich jeder weniger oder mehr hinwegsehnt, jeder ein Gäßchen, an das er gelangen kann, einschlägt, oder auf dem nächsten Platze freie Luft und Erholung sucht, löst sich diese Masse auch auf, schmilzt von den Enden nach der Mitte zu, und dieses Fest allgemeiner Freiheit und Losgebundenheit, dieses moderne Saturnal endigt sich mit einer allgemeinen Betäubung.

Das Volk eilt nun, sich bei einem wohlbereiteten Schmause an dem bald verbotenen Fleische bis Mitternacht zu ergötzen, die feinere Welt nach den Schauspielhäusern, um dort von den sehr abgekürzten Theaterstücken Abschied zu nehmen, und auch diesen Freuden macht die herannahende Mitternachtsstunde ein Ende.

ASCHERMITTWOCH

So ist denn ein ausschweifendes Fest wie ein Traum, wie ein Märchen vorüber, und es bleibt dem Teilnehmer vielleicht weniger davon in der Seele zurück als unsern Lesern, vor deren Einbildungskraft und Verstand wir das Ganze in seinem Zusammenhange gebracht haben.

Wenn uns während des Laufs dieser Torheiten der rohe Pulcinell ungebührlich an die Freuden der Liebe erinnert, denen wir unser Dasein zu danken haben, wenn eine Baubo auf öffentlichem Platze die Geheimnisse der Gebärerin entweiht, wenn so viele nächtlich angezündete Kerzen uns an die letzte Feierlichkeit erinnern, so werden wir mitten unter dem Unsinne auf die wichtigsten Szenen unsers Lebens aufmerksam gemacht.

Goethe "... *Es sind dieses große maskierte Bälle...*"

Goethe
"...*Vielmehr wünschen wir, daß jeder mit uns, da das Leben im Ganzen wie der Karneval unübersichtlich, ungenießbar, ja bedenklich bleibt, durch diese unbekümmerte Maskengesellschaft an die Wichtigkeit jedes augenblicklichen, oft geringscheinenden Lebensgenusses erinnert werden möge*"

Noch mehr erinnert uns die schmale, lange, gedrängtvolle Straße an die Wege des Weltlebens, wo jeder Zuschauer und Teilnehmer mit freiem Gesicht oder unter der Maske, vom Balkon oder vom Gerüste nur einen geringen Raum vor und neben sich übersieht, in der Kutsche oder zu Fuße nur Schritt vor Schritt vorwärtskommt, mehr geschoben wird als geht, mehr aufgehalten wird als willig stille steht, nur eifriger dahin zu gelangen sucht, wo es besser und froher zugeht, und dann auch da wieder in die Enge kommt und zuletzt verdrängt wird.

Dürfen wir fortfahren ernsthafter zu sprechen, als es der Gegenstand zu erlauben scheint, so bemerken wir: daß die lebhaftesten und höchsten Vergnügen, wie die vorbeifliegenden Pferde, nur einen Augenblick uns erscheinen, uns rühren, und kaum eine Spur in der Seele zurücklassen, daß Freiheit und Gleichheit nur in dem Taumel des Wahnsinns genossen werden können, und daß die größte Lust nur dann am höchsten reizt, wenn sie sich ganz nahe an die Gefahr drängt und lüstern ängstlich-süße Empfindungen in ihrer Nähe genießet.

Und so hätten wir, ohne selbst daran zu denken, auch unser Carneval mit einer Aschermittwochsbetrachtung geschlossen, wodurch wir keinen unsrer Leser traurig zu machen fürchten. Vielmehr wünschen wir, daß jeder mit uns, da das Leben im Ganzen, wie das Römische Carneval, unübersehlich, ungenießbar, ja bedenklich bleibt, durch diese unbekümmerte Maskengesellschaft an die Wichtigkeit jedes augenblicklichen, oft geringscheinenden Lebensgenusses erinnert werden möge.

Goethe
"...wenn so viele nächtlich angezündete Kerzen uns an die letzte Feierlichkeit erinnern, so werden wir mitten unter dem Unsinne auf die wichtigsten Szenen unseres Lebens aufmerksam gemacht."

Johann Wolfgang von Goethe, 1809
DER NARR EPILOGIERT[11]

Manch gutes Werk hab ich verricht,
Ihr nehmt das Lob, das kränkt mich nicht:
Ich denke, daß sich in der Welt
Alles bald wieder ins gleiche stellt.
Lobt man mich, weil ich was Dummes gemacht,
Dann mir das Herz im Leibe lacht;
Schilt man mich, weil ich was Gutes getan,
So nehm ichs ganz gemächlich an.
Schlägt mich ein Mächtiger, daß es schmerzt,
So tu ich, als hätt er nur gescherzt;
Doch ist es einer von meinesgleichen,
Den weiß ich wacker durchzustreichen.
Hebt mich das Glück, so bin ich froh
Und sing in dulci Jubilo;
Senkt sich das Rad und quetscht mich nieder,
So denk ich: Nun, es hebt sich wieder!
Grille nicht bei Sommersonnenschein,
Daß es wieder werde Winter sein;
Und kommen die weißen Flockenscharen,
Da lieb ich mir das Schlittenfahren.
Ich mag mich stellen, wie ich will,
Die Sonne hält mir doch nicht still,
Und immer geht's den alten Gang
Das liebe lange Leben lang.
Der Knecht so wie der Herr vom Haus
Ziehen sich täglich an und aus;
Sie mögen sich hoch oder niedrig messen:
Müssen wachen, schlafen, trinken und essen.
Drum trag ich über nichts ein Leid.
Machts wie der Narr, so seid ihr gescheit!

ANMERKUNGEN

1

Seite 8 — *Für Einblick in Goethes handgeschriebenes Original sowie in das Familienarchiv von Kölns erstem Festkomiteepräsidenten, Heinrich von Wittgenstein, danken wir herzlich Frau Dorothea Freifrau von Wittgenstein*

2

Seite 13 — *Der bayerische Hofrat Dr. Albert Klebe äußerte sich in seinen Tagebuchaufzeichnungen einer Rheinreise 1800 derart abfällig, hier zitiert nach Schwering: „Kölner Karneval"*

3

Seite 15 — *Für die freundliche Überlassung von Auszügen aus der Familienschronik Schmidt-Thomé danken wir Dr. Dilschneiders Ur-Ur-Urenkeln, Familie Dr. Johlen, Köln-Lindenthal*

4

Seite 17 — *Zitiert nach E. Biedrzynski: „Goethes Weimar", S. 12*

5

Seite 19 — *Johanna Schopenhauer: „Ausflug an den Niederrhein und nach Belgien im Jahre 1828" Leipzig 1830*

6

Seite 28 — *Zitiert nach „Tagebücher 1810 - 1832" dtv-Gesamtausgabe Bd. 44*

7

Seite 34 — *Verse und „Gästeliste" aus „Hanswursts Hochzeit" sind hier zitiert nach der Reclam-Ausgabe (S. Literatur)*

8

Seite 46 — *Für kenntnisreiche wie augenzwickernde Tips danken wir Herrn Schimmelschulze*

9

Seite 49 — *Der Kursivdruck entspricht dem Originaltext*

10

Seite 50 — *Gemeint sind die 20 farbigen Kupfertafeln von Georg Schütz, ein Hausgenosse Goethes in Rom, in der Originalausgabe. Wir haben sie hier gegen die Fotos aus Köln ausgetauscht*

11

Seite 110 — *Zitiert nach J. W. Goethe, dtv-Gesamtausgabe Bd. 2, S. 193*

BENUTZTE LITERATUR

Erwarten Sie bitte keine Bibliographie wie bei einer germanistischen Diplomarbeit. Vor Ihnen liegt kein wissenschaftliches Buch sondern ein närrisches Ideenspiel auf seriösem Niveau. Im folgenden begrenzen wir uns auf die hier unmittelbar benutzte Literatur:

Assenmacher/Euler-Schmidt Schäfke	*175 Jahre... und immer wieder Karneval* *Köln, Bouvier Verlag 1997*
Biedrzynski, Effi	*Goethes Weimar* *Zürich, Artemis & Winkler Vlg. 1992*
Boerner, Peter	*Goethe* *Reinbek, Rowohlt 1964*
Euler-Schmidt, Michael	*Kölner Maskenzüge* *Köln, Greven Verlag 1997*
Fuchs/Schwering/Zöller	*Kölner Karneval* *Köln, Greven Verlag 1997*
Goethe, J. Wolfgang	*Sämtliche Werke* *München, dtv-Gesamtausgabe 1961*
Goethe, J. Wolfgang	*Das römische Carneval* *Faksimile der Erstausgabe von 1789* *Leipzig, Insel Verlag*
Goethe, J. Wolfgang	*Satiren, Farcen und Hanswurstiaden* *Stuttgart, Reclam Verlag 1968*
Klersch, Joseph	*Kölner Fastnachtsspiegel* *Köln, 1948*
Klersch, Joseph	*Die Kölnische Fastnacht* *Köln, Bachem Verlag 1961*
Oelsner, Wolfgang / Rudolph, Rainer	*Karneval ohne Maske* *Köln, Greven Verlag 1987*
Oelsner, Wolfgang	*„Un deit d'r Herrjott mich ens rofe"* *Köln, Marzellen Verlag 1998*

BILDNACHWEIS

S. 20, 44	*Faksimile aus Goethe „Das Römische Carneval"*
	Insel Verlag, nach der Erstausgabe von 1789
S. 8, 9, 10, 16, 19	
	Rheinisches Bildarchiv
S. 11	
	Familienchronik Schmidt - Thomé
S. 21, 22, 24, 27, 33, 45	
	Kölnisches Stadtmuseum
S. 41	
	Stiftung Weimarer Klassik
S. 115	
	Sammlung Louis Kreissparkasse Köln
Alle anderen Fotos:	*Csaba Peter Rakoczy*

Die Autoren:

Wolfgang Oelsner, *Jahrgang 1949, zahlreiche Publikationen, Fernseh- und Rundfunkbeiträge über den Karneval. Mitautor des Jubiläumsbuches zum 175jährigen Bestehen des Kölner Festkomitees, Greven-Verlag 1997. Standardwerk (mit Rainer Rudolph): „Karneval ohne Maske". Studien der Pädagogik und Psychoanalyse. Schulleiter in Köln.*

Csaba Peter Rakoczy, *geboren 1963 in Köln, Studium der Rechtswissenschaft an der Universität zu Köln. Als Bildjournalist und Fotoautor zahlreicher Bildbände (u.a. „Der Kölner Dom" und „ Die Eifel- Eine kulinarische Reise") seit Jahren in Köln und Umgebung tätig. Seit 1992 Fotoredakteur beim "Kölner Stadt-Anzeiger". Ausstellungen u.a. 1995 „Stille Momente", 1998 „100 Jahre Schweigen", beide im Kölnischen Stadtmuseum, und 1996 „Stille Momente II" in Sacramento / USA.*

Ein besonderer Dank gebührt unserem genialen Mitautor
Johann Wolfgang Goethe, *Jahrgang 1749, für die freundliche Überlassung seines Originaltextes „Das Römische Carneval". Er verfaßte ihn nach seinen beiden römischen Fastnachtserlebnissen 1787 und 1788, als einen Aspekt seiner „Italienischen Reise".*

SCHILLER UND GOETHE AUF DEM CARNEVAL ZU KÖLN
Zugmotto 1902

Götz von Berlichingens Burg wird von der Kölner Funken-Infanterie belagert. „Der Mann mit der eisernen Faust" reicht wie zum Hohn seine Visitenkarte aus einem vergitterten Fenster heraus, was aber die tapferen Funken nur um eifrigeres Stürmen ermutigt.

Meister Wilhelms Lehr- und Wanderjahre: Dortmunder Bierfaß, Düsseldorfer Senftopf und Eau de Cologne-Flasche weisen auf die früheren Stätten Meister Wilhelms' Tätigkeiten hin. Das Wappen der Stadt Dortmund wird gehalten von einem Bergmann und einem Bierbrauer, ein Maler und ein Schmied halten das Düsseldorfer Wappen. Das Wappen der Stadt Köln wird vom Kölner Bauer und der Kölner Jungfrau gehalten.

KÖLNER BANK
QUALITÄT ZAHLT SICH AUS.

Stärke hat nicht immer was mit Größe zu tun.